新形势下旅游服务质量提升理论与实践探索

刘建明　主编

中国旅游出版社

编委会成员

主　编： 刘建明

副主编： 陶从瑞　刘孝蓉

编　者： 卢胜辉　窦力群　牟　琳　李德春　张艺驰
孟武斌　杨　超　崔子瀛　徐智慧　张　薇
朱亚梦　左　勤　李子璇

前　言

旅游是人们在物质生活达到一定水平之后，在精神、文化层面的升级消费。作为旅游、文化、体育、健康、养老五大幸福产业之首，旅游业无论对于经济社会发展，还是居民生活幸福指数提升都具有非常重要的作用。随着经济社会的全面发展，我国已进入大众旅游时代，旅游已然成为人们的生活方式、学习方式、成长方式，是幸福生活的标配和刚需。国内旅游业既要承担繁荣经济的任务，更要担当让人民感到幸福的光荣使命。正如习近平总书记指示的那样，旅游业已经成为新兴的战略性支柱产业和具有显著时代特征的民生产业、幸福产业。

当前，我国旅游业进入了一个更新迭代、升级发展的新阶段。人们的旅游消费观念、消费取向、消费习惯、消费方式等都发生了巨大变化，以观光为主的传统旅游正在向休闲度假方向转变，人们对旅游消费的品质要求不断提高，旅游产品供给和服务质量成为社会关注的焦点，旅游业面临提升服务能力和服务质量的压力，亟待实现高质量发展。

文化和旅游部旅游质量监督管理所承担旅游投诉、旅游服务质量监测和旅游标准化等相关工作。近年来，全所人员积极探索通过标准化手段、发挥投诉数据作用，以标准正面引导和投诉反向倒逼的方法，推动旅游服务质量提升，形成了一些初步研究成果。本书将全所人员发表于不同刊物的文章及调研报告系统梳理、汇编成册，以期抛砖引玉，引导行业更多地关注旅游服务质量工作，进一步拓展服务质量的理论和实践研究。

本书在出版过程中，得到了中国旅游出版社、中国旅游报社等单位的大力支持，在此深表谢意。

编　者

2024 年 9 月 20 日

目录

CONTENTS

第一章

发挥投诉作用，以问题为导向，有针对性地提升旅游服务质量

标本兼治做好旅游投诉工作
推动旅游业高质量发展

（刘建明、卢胜辉，2020 年 12 月发表于《中国旅游报》）

“十四五”时期经济社会发展要以推动高质量发展为主题，这是党的十九届五中全会根据我国发展阶段、发展环境、发展条件变化作出的科学判断，意味着我国今后的发展不仅要有规模和速度，更要注重质量和效益。当前，我国已步入大众旅游时代，旅游市场规模急速扩大，旅游业已成为扩大内需、推动消费、全面启动内循环的排头兵，旅游业的内循环更需要以高质量为牵引。作为反映旅游服务质量的“晴雨表”，旅游投诉只有做到标本兼治，才能更好地助推旅游业高质量发展。“治标”就是要处理好每一起旅游投诉案件，维护游客合法权益；“治本”就是要深入开展旅游投诉数据分析，以投诉反映出来的问题为导向，切实提升旅游服务质量。

一、旅游投诉是反映旅游服务质量的“晴雨表”

通过旅游市场执法检查、旅游市场调研等工作手段，能查找发现旅游服务质量存在的问题，但是由于受到样本数量和时效性的限制，这些工作手段很难全面、准确、及时地反映旅游服务质量问题，而旅游投诉是千万游客主动送上门的反映旅游服务质量问题的有效线索，这些数据源源不断，时时刻刻，而且样本数量庞大，是能够及时、准确反映旅游服务质量问题的重要数据资源。

二、处理好旅游投诉是推动旅游业高质量发展的工作抓手

市场执法能够促使企业守法经营，守法经营是企业提供服务的底线。高质量发展一定是超越法律法规底线的更高层级的发展，企业提供高质量的产品和高标准的服务才是高质量发展的基本要求。旅游投诉是游客对旅游企业产品和服务质量不满的具体反映，只有处理好每一起旅游投诉案件，才能维护好游客的合法权益，弥补游客的损失。同时，通过对日积月累的成千上万个投诉案件进行大数据分析，以投诉反映出来的质量问题为导向，可以倒逼旅游企业不断改进内部管理，切实提高产品和服务质量。因此，在旅游业高质量发展的新时代，旅游投诉处理工作不应只局限在维护游客权益的层面上，更要以大数据技术为手段，深入挖掘旅游投诉数据的导向价值，不断推动旅游服务、旅游产品实现高质量发展，这是新时代旅游投诉处理工作的新意义、新优势。

三、“治标”就是要处理好旅游投诉案件，切实维护游客合法权益

每一个旅游投诉案件都是对旅游服务质量存在问题的具体反映，旅游投诉处理机构的“治标”任务就是要处理好每一个投诉案件，弥补旅游服务质量存在的不足，维护游客合法权益。

一是要畅通拓宽游客投诉渠道。为了全方位多途径地为游客提供反映服务质量问题和诉求的渠道，文化和旅游部建立了“12301 全国旅游投诉举报平台”，游客可以通过 12301 语音、信访、上访等线下方式以及文化和旅游部官网、12301 微信公众号、12301 官网等多种线上方式进行投诉，该平台还实行“7 天 ×24 小时”的工作模式，实现了投诉渠道的全面化和实时化。

二是要提供耐心规范的接诉服务。旅游投诉处理机构工作人员在接诉时首先要耐心倾听游客诉求，碰到情绪激动的游客要安抚好其情绪，同时要适时解答好游客疑问并引导游客提出合理诉求，最后要记录好投诉案情、梳理好游客提供的证据材料。

三是要依法调解旅游投诉。旅游投诉处理机构工作人员在调解旅游投诉时要做到依法调解、以理服人，切忌“和稀泥”式调解，每一个调解意见都要有充分的法律依据，并向投诉双方当事人解释清楚调解意见的缘由，有条件的地区还可以引入专业律师开展法律援助调解。

四是要建立多种调解方式共存的调解大格局。旅游投诉处理机构除了充分履行好自身职能开展好旅游投诉调解工作外，也要善于借助外力，建立起多种调解方式共存的调解大格局。比如，建立涉旅部门协同处理旅游投诉机制，将非旅游部门职能范围的旅游投诉转办协调至相关涉旅部门处理。再比如，实现旅游投诉调解与司法仲裁相衔接，建立旅游投诉纠纷仲裁中心，充分运用仲裁机制的权威性、专业性、灵活性来调解旅游投诉。

五是要不断提升旅游投诉的“受理率”“结案率”“调解成功率”。“受理率”“结案率”“调解成功率”是评判旅游投诉调解工作成效的重要指标，旅游投诉调解工作的“治标”任务要围绕这三项指标开展，只有这三项指标提高了，才能切实维护游客合法权益，提升游客对旅游投诉调解工作的满意度。

四、“治本”就是要做好投诉的大数据分析，以投诉反映出来的问题为导向，不断提升旅游服务质量

处理好旅游投诉案件本身是旅游投诉工作的“治标”任务，能够在一定程度上消解游客对服务质量的不满，但不能根治旅游服务质量中存在的问题。旅游投诉工作的“治本”任务是要运用好旅游投诉案件积累的数据，做好旅游投诉的大数据分析与应用，以投诉反映出来的突出问题为导

向，采取措施，不断根治旅游服务存在的问题。

一是要做好旅游投诉分类标准的制定。旅游投诉分类标准是开展旅游投诉大数据分析的基础工作，目前，文化和旅游部正在积极推进制定《旅游投诉分类体系》行业标准。该标准将旅游投诉对象（旅游市场主体）分为旅行社、景区、住宿产品等 9 大类，同时，列出了每类旅游投诉对象的投诉问题，共计 26 个大类、87 个中类、449 个小类。按照《旅游投诉分类体系》，每一个投诉案件将贴上投诉对象、投诉问题、服务质量发生地和时间等特定标签，以便能够抓取多角度的统计分析维度。

二是要做好旅游投诉数据的积累。“12301 全国旅游投诉举报平台”自开通运行以来，平均每年积累 3 万余个投诉案件、50 余万个旅游咨询数据。平台的每一个案件均标注了投诉时间、投诉对象、投诉问题、调解结果等多种投诉信息要素，为开展投诉大数据分析与应用奠定了坚实的基础。

三是要充分发挥旅游投诉数据对旅游服务质量的预警监督作用。在特定时间内通过对某个地区或者某个旅游企业的投诉数据进行动态监测，可以及时研判出旅游服务质量的异常情况，进而发出预警预报，为及时排查整改服务质量隐患问题发挥积极作用。当前，为有效发挥旅游投诉数据的预警监督作用，文化和旅游部依托 12301 平台建立了针对旅游企业的投诉警示制度，按季度将投诉量较多的旅游企业向属地文化和旅游主管部门进行通报。各地普遍反映，旅游投诉警示制度体现了以投诉问题为导向的工作方法，为地方精准开展旅游市场执法检查提供了工作抓手，倒逼涉旅企业加强内部管理、提升旅游服务质量。下一步，还可以建立对主要旅游城市等特定地区的旅游投诉警示制度，进一步发挥旅游投诉数据的预警监督作用，促进当地旅游服务质量提升。

四是要充分发挥旅游投诉数据对企业高质量发展的助推作用。在制定旅游服务质量提升工作方案时，应多问策于旅游投诉，用好 12301 平台积累的投诉数据，深入开展旅游投诉大数据研究分析工作，找准问题所在。

可以对旅行社、景区、在线旅游企业等某类市场主体的投诉进行大数据分析，挖掘其存在的服务质量问题，再以问题为导向开展旅游市场专题整治和提升工作，对症下药，精准施策，从根本上提高服务质量，助推旅游业高质量发展。

总之，在推进高质量发展的新时代，做好旅游投诉处理工作，树立大数据观念，让政策更精准、让工作更高效，是旅游业适应高质量发展新要求、新形势的具体抓手，也是实现旅游业高质量发展的切入点和突破口。

以投诉问题为导向 积极提升旅游景区服务质量

（杨超，2021 年文化和旅游部“根在基层”优秀调研报告）

当前，我国已步入大众旅游时代，旅游已成为日常生活的重要组成部分。景区作为旅游活动的目标载体，每年接待量逐步增长，2017 年全国 A 级旅游景区接待总人数 53.95 亿人次，2018 年全国接待总人数 60.24 亿人次，2019 年全国接待总人数 64.75 亿人次，2019 年较 2017 年增长 20.02%。与此同时，旅游景区投诉量快速增长，据“12301 全国旅游投诉举报平台”统计，2017—2019 年共收到涉及景区有效旅游投诉 19052 件（2017 年 5031 件；2018 年 5916 件；2019 年 8105 件；2019 年较 2017 年增长了 61.1%）。

其中投诉涉及的主要问题是：人员服务问题 11477 件，占比 60.24%；门票问题 3095 件，占比 16.25%；设备设施问题 1184 件，占比 6.21%；景区内乱收费问题 1006 件，占比 5.28%；停车场所及景区周边问题 967 件，占比 5.07%；小景点问题 437 件，占比 2.29%；环境质量问题 386 件，占比 2.03%；购物场所问题 318 件，占比 1.67%；其他问题 182 件，占比 0.96%。

一、投诉数据反映的景区服务质量问题

以 2019 年投诉数据为例，2019 年共收到景区投诉 8105 件，占比

24.12%。其中投诉的主要问题是：人员服务问题 5175 件，占比 63.85%；门票问题 1430 件，占比 17.64%；设施设备问题 427 件，占比 5.27%；景区内乱收费问题 243 件，占比 2.99%；停车场所及景区周边问题 239 件，占比 2.95%；环境质量问题 142 件，占比 1.75%；购物场所问题 130 件，占比 1.61%；小景点问题 123 件，占比 1.52%；其他问题 196 件，占比 2.42%。

（一）“人员服务问题”是景区投诉的主要问题

2019 年收到涉及景区“人员服务问题”的投诉 5175 件，占全年景区投诉的 63.85%。这些投诉普遍反映在寻求景区工作人员的帮助或咨询相关问题时，景区工作人员服务态度差，没有主动服务的意识。

问题分析：人员服务的问题较为突出，究其主要原因：一是部分景区人员工作服务中没有做到“以人为本”，缺少服务意识；二是部分景区工作人员面对景区瞬时人流量大、工作强度高等情况时无力应对；三是部分景区工作人员缺乏工作经验和培训，服务水平不足。

（二）门票投诉集中在预约、退改、优惠政策落实等问题

2019 年，12301 平台共收到 1430 件涉及景区“门票问题”的投诉，其中，“退票问题”441 件，占比 30.84%；“优惠政策不落实”426 件，占比 29.79%；“预约的门票无法使用”362 件，占比 25.31%。

问题分析：景区门票问题主要集中在预约、退改、优惠政策上，究其主要原因是部分景区门票使用、退改政策不规范、不完整、不及时更新。特别是 OTA 平台、微信公众号等网络购票端口，各平台政策公示没有统一的标准，造成公示内容参差不齐。

（三）景区设备设施的安全隐患不容小觑

2019 年，收到涉及景区“设备设施”问题投诉 427 件，其中，因设

备设施问题导致游客受伤 146 件，占比 34.19%，总赔偿金额 75.25 万元，3 件因设备设施问题导致游客死亡；设备设施存在安全隐患 146 件，占比 34.19%；设备设施损坏停用 98 件，占比 22.95%。

问题分析：一是部分景区建造设备设施后，维护不到位，由此产生了一些安全隐患，造成游客受伤甚至死亡；二是部分景区设备监管员缺乏培训，职业素养不够，安全意识松懈，未提醒游客安全注意事项，未及时制止游客危险行为导致游客受伤；三是在客流高峰期时没有限流，造成设备设施超负荷运转，存在安全隐患。

（四）停车场乱收费问题突出

2019 年，收到涉及景区“停车场所”投诉 239 件，其中，涉及“停车场乱收费”问题 111 件，占比 46.44%；“停车付费发票”问题 51 件，占比 21.34%。多数游客表示部分景区停车场管理混乱，收费标准不明确，且无法开具发票，甚至还出现多人多次收费的现象。

问题分析：停车场投诉量占比虽然不大，但问题较为集中。究其主要原因：一是部分景区对停车场的管理不重视，有些外包给第三方，管理较差，收费标准不明确；二是部分景区停车场智能化管理水平较低，传统的人工收费容易出错；三是部分景区停车位不足，行车路线设置不合理，在旺季时容易造成车辆拥堵，浪费游客游玩时间。

（五）景区摆渡车管理存在问题

2019 年，收到涉及景区“摆渡车”的投诉 546 件，其中，“摆渡车价格不合理”213 件，占比 39.01%；“强制要求乘坐观光车”119 件，占比 21.79%；“管理混乱排队拥挤”108 件，占比 19.78%。

问题分析：景区设置摆渡车，本意是避免私家车入园造成交通拥堵，规范景区内游览交通秩序，但部分景区摆渡车价格过高，仅有的几公里甚至几百米就要收费数十元，并且遇到游览高峰期管理混乱，排队拥挤。究其主要原因：一是部分景区考虑不周，忽略了游客感受，造成了高收费、强制乘坐和管理混乱的问题；二是部分景区未对摆渡车行程距离作出公示，容易误导游客；三是部分景区将摆渡车服务外包给第三方，管理混乱，甚至有些摆渡车经营者单纯追求利益，无序竞争。

（六）5A 级景区投诉率最高

2019 年，全国 5A 级景区共接待 12.09 亿人次，有效投诉 2915 件，投诉率（投诉数量 / 景区接待量）0.0024‰；4A 级景区共接待 32.13 亿人次，有效投诉 3816 件，投诉率 0.0011‰；3A 级景区共接待 17.32 亿人次，有效投诉 552 件，投诉率 0.0003‰；2A 级景区共接待 3.13 亿人次，有效投诉 101 件，投诉率 0.0003‰；1A 级景区共接待 0.08 亿人次，有效投诉 12 件，投诉率 0.0015‰。

问题分析：5A 级景区投诉率最高的主要原因是知名度最高，接待游客体量最大，游览高峰期服务供给不足，并且游客对 5A 级景区的服务期望值最高，当服务无法满足游客需求时，易产生投诉。

（七）三季度是景区投诉的高发期

2019 年第一季度景区投诉 1107 件，占比 13.66%；第二季度 2088 件，占比 25.76%；第三季度 2869 件，占比 35.40%；第四季度 2041 件，占比 25.18%。

问题分析：第三季度景区投诉量较大，究其主要原因是我国休假时间较为集中，造成了我国旅游市场“假期火热，工作日冷清”的两极分化现象，而第三季度包含暑假，出游量较大，景区面对人流较高的情况时无法提供足够的优质服务，投诉较多。

二、景区服务质量提升的对策及建议

（一）提升景区服务的“软实力”

一是要创新景区管理理念。景区要不断提升服务质量，就要与时俱进提升管理理念，创新管理模式。例如，峨眉山风景名胜区采用“景城一体”的网格化管理，在全山设立93个服务点，提供标准化服务，在游客需要帮助时进行网格联动，为游客及时排解困难。二是要定期开展培训，提升工作人员职业素养，要树立“以人为本”的服务意识，不论是前台接待还是摆渡车、卫生间的工作人员，在景区内都应该坚持服务至上的办事原则，对游客提出的合理需求，要做到热情服务；三是规范景区考核制度，开放鼓励游客对工作人员的服务进行评价，将员工服务质量与薪资挂钩，以此激励工作人员增强服务意识与主动性，提升景区服务软实力；四是完善景区内智能设施、标志标语等，满足更多游客自助服务需求。

（二）提升设备设施的“硬实力”

景区设施设备质量不仅体现景区服务质量，更涉及游客的人身安全，出现安全事故甚至能一票否决景区的工作。景区一是要加强监管，定期检测维护，及时更新更换老旧损坏的设备设施，特别是淡旺季交替和小长假之前，要保障设备设施可以在高负荷运转下的安全性；二是应安排专业的工作人员对游客进行提示和监护；三是要有应急处突预案，每个环节落实到人。

（三）加快转型升级，积极丰富景区游览项目和消费产品

当前，游客越来越追求品质化和个性化的旅游服务，而部分景区还停

留在依靠大流量带来的门票收入，瞬时流量过大，会引发服务供给不足问题，游客得不到好的出游体验，自然会产生投诉。景区一是可以适当缩减接待量，打破传统门票为主的营收结构，加强游客在景区内的沉浸式体验，让游客从“走马观花”向“充分参与”转变，例如一些条件合适的景区，可以开放一些像露营、攀登、研学等项目，既减轻了服务供给压力，又提高了客单价；二是可以根据景区故事或当地文化开发一些优质演艺、旅游商品，把游客吸引在景区内，让游客愿意消费、舍得消费。

（四）加强高峰期的服务供给和服务便捷性

在投诉数据中可以发现高峰期的服务供给不足是产生投诉的主要问题，景区一是需要做好最大承载量预测，通过分时预约，合理分配游客错峰游览；二是可以招收一些志愿者，在游客集中区域提供服务，以此保障服务供给；三是进一步升级打造智慧景区，让游客订票、排队、取票等一系列环节变得更便捷，如在上海欢乐谷游客只需要通过园区自助一体机，即可轻松领取虚拟排队券，在等待游玩期间，便可以在园区内游玩体验其他设备或观看表演，不用无聊地排在队伍里等候；四是可以在排队等候区设置一些休闲娱乐项目，让游客在游玩中度过排队等候时间，如北京大兴野生动物园，在景区小火车项目排队区安排了小动物互动，并且提示游客排队等候剩余时长，让游客有一定的心理预期，愉快地度过排队时间。

（五）强化购票和停车场管理等细节服务

景区要把门票的使用、退改、优惠等政策公示好，避免政策不透明带来的服务质量投诉。与第三方签订代售协议时，要注意游客退票退费的处理方式，避免景区同意退费但第三方压款的现象。同时，停车场既是自驾游客到达景区的第一站，也是离开景区前的最后一站，管理水平如何直接影响到游客的出游体验，景区可以按照相应的国家标准对标提升，加强对停车场的管理。

（六）从优化服务角度出发，合理定价

一是在为各个产品定价时，要充分考虑服务的出发点，像摆渡车、讲解等基础服务，要把游客的体验放在首位，设置多种模式、多种价格供游客选择；二是景区应充分发挥价格的杠杆作用，可以通过提供“高端游览、贵宾线路”等差异化服务，满足游客不同档次的服务需求，但需要注意的是，要尊重游客的知情权和选择权。

（七）景区应认识到对标提升的重要性

能够成为 A 级旅游景区，可以说是很多旅游景区的发展目标，而能成为 5A 级旅游景区，更是高质量的代表。但部分企业在参与评定或是对标提升的过程中只注重评判的标准，没有领悟到标准的实际意义。景区在向高质量发展的路上，应准确把握相关服务质量标准的内涵，从根本上实现高质量发展。

旅游景区服务质量投诉监测报告

（刘建明、杨超，2022 年 6 月发表于《文化和旅游决策参考》）

当前，我国已步入大众旅游时代，旅游日益成为人们生活方式的重要组成部分。旅游景区作为旅游活动的核心环节，景区服务质量直接影响游客的旅游体验，也决定着景区的可持续发展。

近年来，旅游景区的接待量逐年增长，2017 年全国 A 级旅游景区接待游客总量 53.95 亿人次，2018 年 60.24 亿人次，2019 年 64.75 亿人次。与此同时，针对旅游景区的投诉也呈不断增多趋势。据“12301 全国旅游投诉举报平台”统计，2017 年至 2019 年共收到针对景区的有效旅游投诉 19052 件。其中，2017 年 5031 件、2018 年 5916 件、2019 年 8105 件。投诉涉及的主要问题有：人员服务问题（60.24%）、门票问题（16.25%）、设施设备问题（6.21%）、乱收费问题（5.28%）、停车场问题（5.07%）、小景点问题（2.29%）、环境质量问题（2.03%）、购物场所问题（1.67%）、其他问题（0.96%）。

一、投诉数据反映的景区服务质量问题

（一）“人员服务问题”是景区投诉的主要问题

2017 年至 2019 年，共收到涉及景区“人员服务问题”的投诉 11477 件，占比景区总投诉的 60.24%。这些投诉普遍反映游客在寻求景区工作人

员帮助或咨询时，景区工作人员服务态度差，缺乏主动服务意识，经常与游客发生言语冲突。

原因分析：景区工作人员的服务态度问题较为突出，究其主要原因：一是很多景区没有对工作人员进行系统性的专业服务培训，在景区内员工按照工作职责各管一摊，面对游客问询缺乏服务能力和意识。而对于游客来说，景区内的工作人员都代表景区，认为每个景区工作人员都应该为游客提供相关服务。二是景区员工在旅游旺季经常要面对瞬时参观客流量大、工作强度高的情况，有时确实存在自顾不暇，不能及时向游客提供服务的情况。三是部分景区工作人员素质有待提高，缺乏待人接物的基本能力。

（二）景区门票投诉集中在预约、退改、优惠政策落实等问题上

2017 年至 2019 年，共收到 3095 件涉及景区“门票问题”的投诉，其中，“退票问题”900 件，占比 29.08%；“优惠政策不落实”867 件，占比 28.01%；“预约的门票无法使用”810 件，占比 26.17%。

原因分析：产生景区门票问题的主要原因：一是部分景区门票使用、退改政策制定的不合理，使用范围、时限等规定容易导致误解；二是部分景区虽在售票窗口等处公示购票政策，但公示内容存在不规范的地方，容易导致歧义；三是部分景区将预约购票服务外包给 OTA 平台等第三方服务商，一些信息变更后，服务商未及时更新，造成游客入园问题；四是部分景区不执行政府规定的对学生、老年人、军人等群体的优惠政策，造成游客不理解，易引发投诉；五是部分游客不及时关注景区公示的预约、退改、优惠政策，有时存在过度维权情况。

（三）景区设施设备的安全隐患不容小觑

2017 年至 2019 年，共收到景区有关“设施设备”问题的投诉 1184

件，其中，设施设备损坏停用 363 件，占比 30.66%；设施设备存在安全隐患 333 件，占比 28.12%。共有 531 件因设施设备问题导致游客受伤，总赔偿金额 106.68 万元，还有 6 件因设施设备安全问题导致游客死亡。

原因分析：一是部分景区对设施设备维护不及时或投入维护资金不足，由此产生安全隐患，甚至造成游客受伤或者死亡；二是部分景区在旺季人流量骤增前，对设施设备疏于检测检验，造成设备大负荷运转时损坏或停用，影响游客的游览体验；三是部分景区设备监管员业务素质较差，安全意识松懈，不及时提醒游客安全注意事项，或未及时制止游客的危险行为。

（四）景区停车场不合理收费问题突出

2017 年至 2019 年，共收到对景区“停车场所”的投诉 967 件，其中，涉及“停车场乱收费”问题 323 件，占比 33.40%；“停车付费发票”问题 166 件，占比 17.17%。多数游客表示部分景区停车场管理混乱，收费标准不明确，且不开具发票，甚至还出现多头重复收费的问题。

原因分析：停车场投诉量占比虽然不大，但问题较为集中，主要原因：一是部分景区对停车场的管理不重视，有些景区直接外包给第三方，或者停车场不属于景区所有，收费标准不统一，管理不规范；二是部分景区停车场智能化管理水平较低，传统的人工收费很容易造成收费“灰色地带”；三是部分景区停车位不足，行车路线设置不合理，在旺季时容易造成车辆拥堵；四是部分景区周边属地管理不善，存在居民私设停车场，收取高价停车费问题。

（五）景区摆渡车管理问题较为严重

2017 年至 2019 年，共收到涉及景区摆渡车的投诉 1373 件，其中，投诉摆渡车价格不合理 726 件，占比 52.88%；投诉“强制要求乘坐观光车或摆渡车”231 件，占比 16.82%；投诉“管理混乱、排队拥挤”192 件，占比 13.98%。

原因分析：景区设置摆渡车，可避免私家车入园造成安全隐患或交通拥堵，有利于规范景区游览交通秩序，但大部分景区摆渡车价格偏高，并且遇到游览高峰期游客还需要长时间排队。究其主要原因：一是部分景区把摆渡车作为主要收入来源，并没有从方便游客游览的角度出发，造成了高收费、强制乘坐和管理混乱问题；二是部分景区未对摆渡车行程距离作出公示，让游客误以为路程较远，存在欺骗、诱导乘坐摆渡车的情况；三是景区将摆渡车服务外包给第三方公司，单纯追求经济利益，管理和服务跟不上。

（六）自助游客投诉占比较高

2017 年至 2019 年，共收到散客游客投诉 17938 件，占比 94.15%；团队游客投诉 1114 件，占比仅 5.85%。

原因分析：一是团队游客多由导游提供服务，导游对游客提出的问题一般都能及时予以解决或解答，自助游客对游览程序不了解，更易引发矛盾纠纷，投诉量明显比团队游客要多；二是团队游客由于行程较丰富，在景区内一般不会长时间停留，而自助游客行程较为松散，且可能包括餐饮、住宿等其他行程，对景区的体验更深刻，更易发生纠纷，导致投诉较多。

（七）第三季度是景区投诉的高发期

2017 年至 2019 年，第一季度共收到景区投诉 2843 件，占比 14.92%；第二季度 4756 件，占比 24.96%；第三季度 6721 件，占比 35.28%；第四季度 4732 件，占比 24.84%。

原因分析：第三季度景区投诉量较大，主要原因是我国休假时间较为集中，造成了旅游市场假期火爆、平日冷清的情况。第三季度包含暑假和国庆前夕，因此，出游规模大且集中，这给景区管理和服务造成很大压力，在瞬时人流较大的情况下，景区没有足够的人力和资源确保优质服务，因此，导致第三季度投诉居多。

二、景区服务质量提升对策及建议

（一）提升景区工作人员服务意识和能力

从投诉情况看，大力增强景区员工的服务意识和服务水平对改进景区服务具有十分重要的意义。一是要对员工进行全员服务培训，打破工种限制，对游客可见的员工，不论是什么岗位，都要进行服务培训，能对游客诉求做到及时回应和热情服务；二是完善景区服务设施建设，减少易引发投诉的硬件缺陷。对游客投诉集中的地段和问题，要认真分析研究，通过设置引导提示牌或语音提示设备，减少易引起游客疑惑的地方，从而减少游客问询、降低投诉量。三是采取鼓励游客对工作人员服务进行评价的措施，将员工服务与绩效考核挂钩，激励工作人员增强服务意识。

（二）持续完善景区设施设备，确保硬件不出问题

景区设施设备质量不仅是景区服务质量的基础保障，更涉及游客人身安全。一是要加强监管，定期检测，做好设施设备的日常维护，及时更新更换老旧损坏设备，特别是在淡旺季交替之际，要保障设备设施符合高负荷运转下的安全要求；二是在游客使用设备设施时，工作人员要做好安全提示和监护工作；三是主题游乐景区要做好设备特别是主要游乐设备的预告，因故障维修停用要提前公告，避免游客“跑空”而投诉；四是要有应急处置预案，并开展预案演练培训工作，确保发生意外事件时工作人员能规范操作。

（三）根据游客消费趋势变化不断实现服务转型升级

当前，游客消费日益追求品质化和个性化，更加注重深度体验，很多景区仍停留在依靠门票收入的传统营销逻辑，景区规划理念、产品设计长期停滞不前，“赶驴”式参观广为游客所吐槽，得不到好的体验，自然会产生投诉。有条件的景区要突破传统惯性思维，适时升级产品，改进服务，顺应游客从走马观花向深度体验转变的需求。例如，条件允许可以建设露营区域，推出亲子项目，让游客与景区实现深度互动。在景区内多建造可供游客休息发呆的设施，为游客体验和深度感受创造条件和氛围，提高游客停留时间，也有助于游客实现“二消”。

（四）提高景区管理弹性，适应旅游消费特点

鉴于国内休假制度和游客出游习惯，国内旅游的淡旺季十分明显，假期集中出游是国内旅游的突出特点。这种情况给景区服务造成很大压力，要求景区管理制度要具有一定弹性，能够适应旅游淡旺季的不同需要。一是要有节假日旅游旺季管理服务的特殊制度安排，从服务规范到人员配置都要不同于平时，要有加强版的准备，确保旺季不出问题。二是要不断升级智慧管理系统，保证游客的游览体验。让订票、停车、进入、游览等环节更便捷、更顺畅，对于瞬时流量大的景区，要通过分时预约，引导游客错峰游览。三是完善电子导览、标识标语、休息设施等游览服务设施，满足更多散客的自助游需求。四是要设立专业的投诉接待岗位，安排素质高的专门人员受理投诉，力争能把游客投诉消化在第一时间。

（五）充分发挥市场调节手段，满足游客的个性化需求

在为各个服务环节定价时，要充分考虑服务的出发点，像摆渡车、讲解等基础服务，应把游客的体验放在首位，避免人为制造“堵点”。同时，鼓励景区充分发挥价格的杠杆调节作用，通过提供“高端游览、贵宾路

线”等不同价位的差异化服务，满足不同客群的需求。也可以将淡旺季门票价格进一步拉大，引导更多的游客错峰游览。但需要注意的是，发挥价格调节作用时，要确保游客的知情权和选择权。

（六）既要对标做好硬件建设，更应强化管理制度的软服务

目前，评A级晋级是很多景区的努力目标，但部分企业在对标提升的过程中过于追求形式上的达标，不重视服务细节，一些景区虽然评上了A级旅游景区，但服务管理并未升级。硬件很好、投诉不少的景区仍然存在。

总之，持续改进服务是景区建设的永恒课题，在强化管理的过程中，景区要充分认识到旅游投诉数据的作用，深刻挖掘投诉的大数据价值，重视游客投诉反映出来的服务问题，以投诉问题为导向，不断改进自身建设和管理，才能促进景区真正实现高质量发展。

树立大数据观念提高旅游服务质量监测能力

（杨超，2023 年 10 月发表于《中国旅游报》）

当前，我国已步入大众旅游时代，旅游成为人们生活方式的重要组成部分。在游客数量报复性复苏增长的形势下，旅游服务质量方面的诸多问题也随之出现，传统的市场检查、游客满意度调查等旅游服务质量监测手段难以适应旅游市场蓬勃发展的要求，服务质量监测不精准、管理措施不到位的问题凸显，新形势下实现旅游业高质量发展的目标要求我们必须创新服务质量监测方式，提升服务质量监测水平。

一、大数据让旅游服务质量精准监测成为可能

以数字化传输、数据化存储为特征的信息技术革命让经济社会进入加速创新发展的新阶段。大数据带来的冲击深刻地改变着社会的各个领域，也让旅游业进入创新发展的新阶段，以 OTA 平台为代表的线上旅游消费方式的迅速发展普及给游客出游带来了极大便利，同时，线上旅游消费方式的可溯性也产生了搜索量、订单量以及好评、差评等海量旅游消费大数据。

（一）通过大数据可以动态监测旅游服务质量变化

以往的旅游服务质量监管主要采取行政执法检查、第三方暗访、满意度调查等传统方式，这些手段需要投入大量时间、人力成本，并且受样本数量和时效性等条件的制约，难以全面、准确、及时地反映旅游消费市场情况变化。旅游电商平台积累的大数据能够直接、客观和全样本地反映旅游服务质量情况和问题，是重要的数据资源。相比传统监管手段，大数据覆盖面更广、数据即时性强，能更客观地反映真实情况，具有传统的服务质量监测手段不可比拟的明显优势。

（二）大数据让精准高效监管成为可能

海量的大数据使“样本等于总量”，全样本的数据规模能够为决策提供全面客观的依据，克服简单抽样造成的不准确、不全面的数据缺陷，减少决策片面性，使决策更精准更科学。大数据的即时性能够不断通过新增数据将实时动态的信息反馈到决策过程。在旅游监管中，充分利用大数据排查，可以对涉诉较多、评价较差的问题企业进行精准筛选，避免粗放监管，避免政策措施的“一刀切”，达到有的放矢的效果。例如，北京市文化和旅游局根据对旅行社涉诉数据，公布了 10 家涉诉较多的旅行社名单，同时，对这些投诉问题多的企业增加行政执法检查频次，提高了执法效率，降低了执法成本。

（三）大数据能够准确反映市场消费需求和变化趋势

当前，我国旅游消费正处于从景点观光向休闲度假迭代升级的节点时期，市场消费变化和产品更新速度加快，越来越需要以市场为导向开发产品和提升服务质量。通过对搜索量、订单量等市场消费数据的分析，可以精准掌握市场整体消费趋势，得出不同客群对不同产品的关注度、喜好度和消费选择，可以准确把握行业热点，引导企业选择正确的投资领域和方向。

二、强化数据资源整合是开展服务质量监测的关键

大数据应用对经济社会各个领域都具有十分重要的意义，但在实际操作上存在不同的问题和困难，对于旅游服务质量监测工作，主要的障碍有如下几个方面。

（一）数据源跨行业分布，数据汇总整合有难度

旅游业是综合产业，产业链跨领域分布，旅游大数据分属不同行业，单纯依靠旅游部门获取全面数据有一定困难，需要协调其他相关部门和企业共同整合数据资源。比如，通信部门的手机信号移动数据，能够十分准确地反映游客流动情况，能够直接说明各地的旅游接待数量，移动支付数据能够准确反映旅游消费情况，旅游部门需要与相关行业机构协调合作才能获取数据。目前，部分省市旅游机构已经开始尝试应用大数据开展旅游服务质量监测工作，但数据获取仍不够全面，部分地区仅局限在数据统计收集阶段，大部分地区仅以投诉数据为基础开展服务质量监测工作，对社会面大数据利用仍然不多。

（二）缺乏大数据指标体系，行业数据难以应用

旅游领域大数据主要集中在OTA平台，但平台企业数据仅用于内部开展市场营销使用，没有针对行业管理需要将数据进行必要的处理，数据类型不同、标签不同、存储维度不同，没有经过处理的数据很难抓取和使用。比如，有些平台主要是酒店行业数据，有些平台以景区数据见长，还有些平台主要以团队游、机票车票预订数据为主，各种类型数据较为杂乱，没有统一的数据整合规则。也有一些企业出于利益保护或数据安全考虑，不愿意公开数据。另外，体系内的数据共享同样面临种种制度障碍，部门内部数据往往自成体系，在技术上尚未兼容，不能互通共享，导致

数据大多处于零散化状态，形成彼此隔绝的“数据孤岛”，造成数据资源浪费。

（三）数据安全性、可靠性存在风险，影响大数据使用

在海量数据中，会存在一些重复、无价值甚至虚假的数据，容易误导消费者。比如，一些平台充斥着不少“水军”，这些“水军”会围绕商家利益诉求进行刷单、刷评，影响数据的准确性、客观性和公正性。部分OTA平台也会收费帮助商户推广，这些企业商业行为会影响数据的准确性。如何甄别数据、赋予数据法律责任，消除数据应用存在的潜在风险，还需要进行科学论证。

三、大数据监测是实现治理能力现代化的技术支撑

国家数据局的组建充分体现了国家对大数据工作的高度重视。树立大数据思维，探索利用大数据开展旅游服务质量监测，服务于行业治理，是实现治理能力现代化的必由之路。

（一）树立大数据观念，赋能高质量发展

转变传统思维方式，将大数据应用于行业治理的方方面面，从数据收集者转为数据分析者，通过建立数据传输存储的标准体系，实现数据平台的兼容互联，实现数据采集、分析和发布联动，通过数据掌握行业质量状况、变化趋势和消费需求，让数据成为决策依据，提高政策精准性，破解“一刀切”的行政管理痛点，实现精细化管理目标，是推动高质量发展的重要技术支撑。

（二）利用好现有数据，探索开展服务质量数据监测工作

目前，行业内尚无全面系统评价旅游目的地和旅游企业服务质量的评价数据平台，旅游大数据分散在不同OTA平台和机构平台，各地对大数据的利用仍不全面。开展服务质量数据监测时，可以选取不同平台的优势数据，按照相对合理的维度指标，与具有数据优势的OTA平台和机构合作，不断扩大数据来源，填补数据空白，完善数据监测指标体系。

（三）完善大数据服务质量评价指标体系，提高大数据整合能力

从国家层面出台大数据应用方面的政策和标准，提高政府部门的大数据获取、管理和应用能力，让大数据服务于国家治理，推动治理能力现代化。对于旅游服务质量监测工作，当前应探索建立大数据评价指标体系，科学设计数据采集维度和指标构成，充分发挥企业平台的数据优势，探索开展数据评价工作，随着数据来源的不断拓展和数据获得能力的提高，不断完善服务质量数据监测体系。

（四）发布大数据质量监测评价结果，扩大大数据监测的社会影响

开展常态化大数据监测工作，及时掌握旅游服务质量的动态信息，可在重要旅游时段、重要假期开展大数据服务质量监测工作，也可按月、季度等维度开展，形成并发布旅游服务质量监测大数据报告，提升行业和社会服务质量意识。

总之，在推进高质量发展的新形势下，应用好大数据可以让政策更精准、监管更高效、服务更完善，是实现治理能力现代化的切入点和突破口。各级部门都要树立大数据观念，培养大数据思维，充分应用大数据指导行业、引导市场，以技术创新助力治理能力现代化，推动高质量发展。

对引入仲裁机制助力旅游投诉调解工作的思考

（卢胜辉，2020 年 11 月发表于《中国旅游报》）

近年来，为规范旅游市场秩序，净化旅游消费环境，维护旅游者合法权益，文化和旅游部采取了一系列措施推进旅游投诉处理体系建设，如建立“12301 全国旅游投诉举报平台”、发布《旅游投诉警示》、制定《旅游经营者处理投诉规范》和《旅游投诉分类体系》等行业标准。特别是“12301 全国旅游投诉举报平台”的建立，改变了传统的旅游投诉处理方式，全面拓宽了旅游投诉渠道，实现了对旅游投诉的大数据分析，以投诉问题为导向有力地推动了旅游服务质量提升。

同时，也应该看到，目前旅游投诉调解工作仍然面临缺乏司法权威性、调解成功率较低、法律诉讼周期较长、游客维权较难的困境，同时，伴随旅游业的快速发展，也出现了投诉量持续增长、游客诉求多元化、调解难度增加等新问题。特别是今年新冠疫情发生以来，涉疫旅游投诉爆发式增长，全国涉疫旅游投诉调解成功率普遍不高，旅游投诉调解的难点更加凸显。因此，旅游投诉调解工作亟待创新工作抓手，与时俱进，根除顽疾，积极破解投诉调解难、成功率低的困局。

一、当前旅游投诉调解工作面临的主要问题

旅游投诉数量不断攀升。随着经济社会的快速发展，我国已步入大众

旅游时代，旅游已经成为一种生活方式，出行游客数量持续爆发式增长，随之带来投诉数量的不断攀升。据“12301 全国旅游投诉举报平台”统计，2017 年平台收到有效旅游投诉 2.1 万余件，2018 年平台收到有效旅游投诉 2.8 万余件，2019 年收到有效旅游投诉 3.3 万余件。

旅游投诉调解难度不断增加，调解成功率不断降低。在旅游供给侧结构性改革推动下，新业态产品层出不穷，旅游投诉类型随之不断多样化，呈现出日趋复杂、专业性日益增强的特点，旅游投诉调解工作面对的问题越来越棘手，依法调解的难度越来越大。除了客观原因之外，还有来自游客的主观原因，游客不断追求深层次的个性化需求，对旅游服务质量的要求日益提高，对旅游投诉处理时效和处理质量的期望值也越来越高。再加之机构改革之后，多数地区的旅游执法职能和旅游投诉处理职能分属于两个不同部门，旅游投诉调解工作无法借助执法的威慑力量督促旅游企业配合投诉调解，依法开展旅游投诉调解工作的要求越来越高。旅游投诉调解成功率降低，导致游客和企业的矛盾纠纷得不到及时有效化解，既影响我国旅游业的高质量发展，也在某种程度上影响社会和谐稳定。

旅游投诉调解工作缺乏司法权威性。按照《旅游投诉处理办法》赋予的职能，旅游投诉处理机构实行调解制度，遵循自愿、合法的原则，促使投诉人与被投诉人相互谅解，达成协议。旅游投诉调解工作只能居中引导，在双方当事人之间进行斡旋，提出双方都能接受的具体解决方案，但不得通过国家权力或强制措施解决旅游投诉纠纷。由于缺乏司法权威性，即便旅游投诉处理机构提出的调解方案完全正确、合法，也经常发生当事人拒不接受的情况。

通过诉讼解决旅游纠纷的时间和费用成本较高。按照《旅游投诉处理办法》规定，旅游投诉调解失败的，投诉者可以向人民法院提起诉讼。虽然通过诉讼解决旅游投诉纠纷具有强制力，但同时也存在取证困难、时间成本高等明显问题，加之多数旅游投诉纠纷案件的标的额较小，许多游客对诉讼存在畏难情绪，经常不愿意选择诉讼方式解决旅游投诉纠纷。

二、引入仲裁机制化解旅游投诉纠纷具有明显优势

如何破解当前旅游投诉调解工作面临的困境？单纯依靠旅游投诉处理机构自身力量已很难实现，而通过诉讼途径解决旅游纠纷，需要较高的时间和费用成本。为此，经过与旅游投诉处理机构、法院、仲裁、律所等领域专家学者进行广泛交流探讨，笔者认为，比较好的破局之策就是引入仲裁机制化解旅游投诉纠纷，运用仲裁的权威性、专业性、灵活性来助力旅游投诉纠纷调解工作。

引入仲裁机制能够大幅提升旅游投诉调解工作的权威性和专业性。在仲裁机制下，旅游投诉纠纷双方当事人达成和解意见后，通过仲裁文书确认法律效力，可以申请人民法院强制执行，解决当前旅游投诉处理机构调解意见书执行力弱、不能申请人民法院强制执行等问题。另外，仲裁机构的仲裁员具有较高的法律专业知识，涉及各行各业，可以有效地将法律专业知识和行业知识融入旅游投诉纠纷处理，能够有效提高旅游投诉的依法调解能力，进而提升旅游投诉纠纷化解的满意度和成功率。

引入仲裁机制化解旅游投诉纠纷可以避免诉讼时间和费用成本高的问题。仲裁与诉讼相比，具有便捷高效、时间和金钱成本较低等特点，更适于解决日趋复杂的标的额较小的旅游投诉纠纷。首先，仲裁实行“一裁终局”，避免了诉讼一审、二审乃至再审的冗长程序，审结期限短，能够有效遏制恶意拖延诉讼、逃避执行等行为，从而避免当事人合法权益受损。再者，仲裁没有地域管辖和级别管辖的限制，旅游投诉纠纷当事人可以灵活任意选择仲裁机构，不受当事人所在地、纠纷发生地等因素约束，适合于旅游投诉纠纷区域跨度大的特点。

引入仲裁机制能够拓宽旅游投诉纠纷的受理范围。一方面，能够将旅游企业之间的经济纠纷纳入投诉受理范围。按照《旅游投诉处理办法》规定，旅游企业之间的经济纠纷，不属于旅游投诉受理范围，但往往会影响

到旅游服务质量和游客的消费体验，而引入仲裁机制后，就能将旅游企业之间的经济纠纷纳入受理范围，对打造优质和谐的旅游消费市场、提升旅游服务质量能够发挥重要作用。另一方面，能够将跨国旅游投诉纠纷纳入受理范围。我国于 1987 年加入《承认及执行外国仲裁裁决公约》，缔约国对在另一缔约国领土内作出的仲裁裁决予以承认和执行。因此，通过引入仲裁机制能够有效解决涉外旅游投诉纠纷，特别是国外地接社及供应商之间的经济纠纷，保障出境游客的合法权益。

三、引入仲裁机制化解旅游投诉纠纷势在必行

目前，全国有山东省青岛市、烟台市、德州市、日照市以及黑龙江省哈尔滨市、陕西省汉中市、广东省广州市、安徽省黄山市、海南省等地在不同程度上对“引入仲裁机制化解旅游投诉纠纷工作”进行了探索和尝试，特别是山东省已有四个地级市开展了此项工作。但是，总的来说，目前此项工作尚处于起步阶段，全国只有极少地区进行了探索尝试，而且各地区的具体实施路径也不一致，有的地区只是仲裁部门单方面表示将旅游合同纠纷纳入仲裁受理范围，有的地区只是发文推广但没有真正地建立起部门联合机制，有的地区虽然设立旅游纠纷仲裁中心但将负责办案机构设在协会组织，这无疑降低了建立旅游投诉调解和司法仲裁相衔接工作机制的公信力和执行力。

因此，作为破解当前旅游投诉纠纷调解工作困境的有效良方，我们应加快推进引入仲裁机制，做好顶层设计，制定《旅游投诉调解和司法仲裁相衔接业务操作指南》，积极有序推进，在充分开展试点的基础上，指导各地建立旅游投诉纠纷仲裁中心，助力旅游投诉纠纷调解工作。

烟台市文化和旅游局市场管理科科长王忠杰在一线从事旅游投诉调解工作近 20 年，并推动建立了烟台市旅游纠纷仲裁中心。他表示，旅游纠纷仲裁中心的设立能够将旅游投诉调解和仲裁进行有效衔接，使得旅游投诉

处理机构单独处理旅游投诉纠纷的“独角戏”模式，发展成“旅游 + 仲裁”联合处理旅游纠纷的“双重奏”模式，充分发挥了“旅游 + 仲裁”1+1 > 2的叠加效应，有力地提升了旅游投诉调解工作的专业性和司法权威性。

李瑞跃是中国国际经济贸易仲裁委员会的一名仲裁员，具有20余年仲裁经历，长期从事旅游产业的经营管理。他认为，仲裁作为旅游法法定的解决旅游投诉纠纷的重要手段之一，优势是不言而喻的，特别是国际旅游投诉纠纷，但长期以来被忽视、低估，当前阶段面对错综复杂的旅游投诉纠纷，全面推进建立旅游投诉纠纷仲裁中心显得尤为迫切。

当前，我国文化和旅游行业进入高质量发展的新时代，旅游业是扩大内需、推动消费、全面启动内循环的排头兵，旅游业的内循环更需要高质量。新使命呼唤新担当。我们要以永不懈怠的精神，与时俱进，积极探索引入仲裁机制助力旅游投诉纠纷调解，努力打造游客满意度不断提升、旅游经营者服务质量不断提升、旅游市场秩序不断提升的旅游投诉纠纷调解工作的新生态。

2019年旅游投诉情况分析报告

根据12301全国旅游投诉举报平台统计，2019年，全国旅游投诉主要情况如下。

一、总体情况

（一）投诉量同比呈大幅增长态势

年内，收到有效旅游投诉33598件，同比增长39.25%。截至12月31日，受理投诉32153件，受理率为95.70%；结案30856件，结案率为91.84%，平均结案时间为22.06天。为游客挽回经济损失4198.73万元，同比增长23.59%。同时，平台共收到旅游咨询357962件，同比下降9.63%。其中，咨询投诉旅行社的问题占26.89%；咨询旅行社业务相关问题占11.22%；咨询导游业务相关问题占8.64%。

旅游投诉增长较多的主要原因：一是出游人数增多，其中，“五一”小长假延至4天，旅游客流明显增多；二是按照全域旅游发展要求，12301平台将非旅行社、非A级旅游景区、非星级饭店等服务质量投诉纳入受理范围，导致有效投诉增多；三是随着12301旅游服务热线社会知晓度不断提高，通过12301平台进行投诉的游客增多；四是旅游服务质量仍存在一些问题。

（二）市场主体（企业）被投诉情况

年内，旅游市场主体被投诉量从高到低依次为：旅行社 17966 件，占比 53.47%；景区 8105 件，占比 24.12%；在线旅游企业 5776 件，占比 17.19%；旅游住宿 1031 件，占比 3.07%；导游领队 486 件，占比 1.45%。

旅行社、景区和在线旅游企业投诉量居高不下，三类企业被投诉量占投诉总量的 94.78%。可见，此三类企业仍是旅游服务质量的薄弱环节和焦点部位，是旅游市场管理和执法部门需要重点关注的对象。

（三）各省份投诉排名情况

投诉总量居前五的省份是上海（4576 件）、广东（2814 件）、江苏（2391 件）、北京（2206 件）、陕西（1708 件）。旅行社投诉率（旅行社投诉量/旅行社数量）居前五的省份是贵州、海南、陕西、新疆兵团、四川，分别为 128.62%、107.05%、94.08%、93.83%、80.03%。出境社投诉率（出境社投诉量/出境社数量）居前五的省份是陕西、新疆兵团、四川、天津、湖北，分别为 461.63%、450%、388.33%、380.65%、359.29%。

在全国 32 省份中，陕西投诉问题较为突出，投诉量、旅行社投诉率、出境社投诉率三项指标均列前五。上海、广东、江苏等三省市投诉量位居前三，占全国投诉总量的 23.11%，其中，上海较为突出，占全国投诉总量的 13.61%，是投诉量排第二位的广东的近两倍。

上海投诉较多的主要原因是超大型企业携程的投诉量突出，共有 2976 件，占上海投诉总量的 65.04%。江苏投诉量大的主要原因是途牛、同程等 OTA 企业的投诉共计 1032 件投诉，占江苏投诉总量的 43.16%。广东投诉量较大的主要原因是该省是全国港澳游的主要中转地，广东涉及港澳游的投诉达到了 525 件，占广东投诉总量的 18.66%。

二、投诉地域分布

（一）投诉主要集中在国内游和出境游

国内游投诉 22194 件，占比 66.06%；出境游投诉 11366 件，占比 33.83%；入境游投诉 38 件，占比 0.11%。

国内游投诉主要问题是旅行社未达到约定服务标准（5691 件，占比 25.64%）、旅游景区人员服务问题（5168 件，占比 23.29%）、旅行社擅自变更旅游行程（1452 件，占比 6.54%）。

出境游投诉主要问题是旅行社未达到约定服务标准（3329 件，占比 29.84%），旅行社合同变更和解除（1692 件，占比 14.89%）、在线旅游企业未达到约定服务标准（1132 件，占比 9.96%）。

可见，不论是国内游还是出境游，旅行社提供的服务达不到合同约定标准是投诉焦点问题。出境游因为出行手续复杂，易产生涉及合同变更和解除的投诉。

（二）国内游投诉主要发生在上海、陕西、四川、江苏、广东

国内游投诉问题发生地位居前五的省份依次是上海（2237 件）、陕西（1374 件）、四川（1283 件）、江苏（1176 件）、广东（1084 件）。

上海服务质量问题主要集中在在线旅游企业住宿产品预订问题（437 件，占比 19.54%）、旅行社未达到约定服务标准（329 件，占比 14.71%）、在线旅游企业未达到约定服务标准（271 件，占比 12.11%）。

陕西服务质量问题主要集中在旅游景区人员服务问题（463 件，占比 33.7%）、旅行社未达到约定服务标准（340 件，占比 24.75%）、门票问题（126 件，占比 9.17%）。

四川服务质量问题主要集中在旅行社未达到约定服务标准（326 件，

占比 25.41%)、旅游景区人员服务问题(294 件，占比 22.92%)、旅行社合同变更和解除问题(103 件，占比 8.03%)。

江苏服务质量问题主要集中在旅行社未达到约定服务标准(231 件，占比 19.64%)、旅游景区人员服务问题(180 件，占比 15.31%)、在线旅游企业未达到约定服务标准(168 件，占比 14.29%)。

广东服务质量问题主要集中在旅行社未达到约定服务标准(341 件，占比 31.46%)、旅游景区人员服务问题(194 件，占比 17.9%)、旅行社合同变更和解除问题(128 件，占比 11.81%)。

可见，在国内游市场，上海、江苏的在线旅游企业，陕西、四川的旅游景区，广东的旅行社在服务质量方面存在的问题较多。

(三)出境游投诉主要发生在泰国、日本、港澳台、越南、俄罗斯

出境游服务质量投诉发生地位居前五的国家(或地区)依次是泰国(2128 件)、日本(1345 件)、中国港澳台(1286 件)、越南(1134 件)、俄罗斯(512 件)。

泰国服务质量问题主要集中在旅行社未达到约定服务标准(562 件，占比 26.41%)、旅行社购物退货纠纷(231 件，占比 10.86%)、旅行社合同变更和解除(228 件，占比 10.71%)。

日本服务质量问题主要集中在旅行社未达到约定服务标准(464 件，占比 34.5%)、旅行社合同变更和解除(255 件，占比 18.96%)、在线旅游企业未达到约定服务标准(132 件，占比 9.81%)。

港澳台服务质量问题主要集中在旅行社强迫或变相强迫购物(245 件，占比 19.05%)、旅行社未达到约定服务标准(222 件，占比 17.26%)、住宿产品预订(176 件，占比 13.69%)。

越南服务质量问题主要集中在旅行社购物退货纠纷(344 件，占比 30.34%)、旅行社未达到约定服务标准(239 件，占比 21.08%)、旅行社

强迫或变相强迫购物（104 件，占比 9.17%）。

俄罗斯服务质量问题主要集中在旅行社未达到约定服务标准（249 件，占比 48.63%）、旅行社合同变更和解除（60 件，占比 11.72%）、在线旅游企业未达到约定服务标准（45 件，占比 8.79%）。

可见，未达到约定服务标准是出境游市场服务质量存在的主要问题，赴泰国、越南旅游的购物纠纷较多，港澳台仍是强迫或变相强迫购物的重灾区。

（四）入境游服务质量问题较少

年内，入境游投诉仅 38 件，投诉问题主要发生在广东（4 件）、湖北（4 件）、陕西（4 件）、海南（3 件）、上海（3 件）。其中 ,12 件投诉旅行社未达到约定服务标准，5 件投诉旅游景区人员服务问题，4 件投诉旅游景区门票问题，4 件投诉旅游住宿服务质量问题，2 件投诉旅行社擅自增加另行付费项目，2 件投诉在线旅游企业未达到约定服务标准问题。

可见，入境游投诉数量明显少于国内游和出境游，说明经营入境游业务的企业服务质量要明显好于经营国内游和出境游业务的企业。

三、主要问题分析

（一）不按合同约定标准履约是旅行社服务质量存在的突出问题

投诉旅行社“未达到约定服务标准”的案件为 9095 件，占旅行社投诉总量（17966 件）的 50.62%;“合同变更和解除”纠纷 3085 件，占比 17.17%;“擅自变更旅游行程”2202 件，占比 12.26%。

可见，旅行社履约问题是游客投诉比较集中的问题，涉及服务质量的主要问题是降低住宿餐饮标准、擅自变更行程或减少参观景点等约定服务与实际不符。

（二）涉及工作人员服务的投诉是被投诉景区的主要问题

年内，涉及旅游景区的投诉为 8105 件，其中，5175 件投诉涉及景区“人员服务问题”，占比 63.85%；1430 件投诉涉及“门票问题”，占比 17.64%；427 件涉及“设施设备问题”，占比 5.27%。

可见，旅游景区内部管理存在较多问题，工作服务人员素质普遍较低，经常发生工作人员因态度不好、未及时给游客提供帮助等问题被游客投诉。说明景区工作人员缺乏培训、服务不规范的问题较突出。此外，涉及景区门票问题的投诉也较多，游客投诉景区不落实门票优惠政策的情况较多。

（三）对在线旅游企业的投诉主要集中在未达到服务标准和预订纠纷问题上

投诉量排第三的在线旅游企业（5776 件），被投诉“未达到约定服务标准”1990 件，占比 34.45%；“预订问题”869 件，占比 15.05%；“合同变更和解除问题”758 件，占比 13.12%。

可见，在线旅游企业的服务质量问题主要集中在产品服务的实际情况与宣传不符，涉嫌虚假宣传的问题较多。此外，网上预订一方面很便捷，另一方面也容易造成合同变更和解除方面的纠纷。

（四）人员服务不佳是旅游住宿服务质量的突出问题

涉及旅游住宿的投诉为 1031 件，其中，627 件涉及“服务不好”问题，占比 60.81%；263 件涉及预订问题，占比 25.51%；58 件涉及“卫生质量问题”，占比 5.63%。

可见，旅游住宿服务质量的突出问题是客人诉求无响应、“没人理”的情况较多，或接待服务人员态度不好、提供服务不及时等导致客人不满意。

（五）态度言语不良是投诉导游领队的主要问题

年内，投诉导游领队的案件 486 件，其中，236 件是投诉导游领队“态度言语”问题，占比 48.56%；157 件是投诉导游“向游客兜售物品”，占比 32.30%；81 件投诉导游“未佩戴导游证”，占比 16.67%。

可见，导游服务问题仍然是旅游服务的焦点问题，导游服务态度不好，时常与游客发生言语冲突，极易造成游客投诉。同时，导游变导购是导游服务不佳的根源，在行程中导游不关心游客，只关心购物。

（六）旅行社履约问题最难调解

在调解失败的 6022 件旅游投诉案件中，有 1715 件涉及旅行社“未达到约定服务标准”问题，占比 28.48%；有 821 件涉及景区人员服务问题，占比 13.63%；有 604 件涉及旅行社“合同变更和解除问题”，占比 10.03%。

调解失败的投诉主要集中在上海（975 件，占比 16.19%）、广东（893 件，占比 14.83%）、北京（490 件，占比 8.14%）、江苏（424 件，占比 7.04%）、四川（253 件，占比 4.20%）。

投诉调解失败排名前五的企业主体分别是上海携程、国旅（深圳）国际旅行社有限公司、江苏同程、北京途牛和北京携程，调解失败的投诉量分别为 597 件、171 件、105 件、73 件、71 件，占比分别为 9.91%、2.84%、1.74%、1.21%、1.18%。

投诉调解失败排名前五的旅行社分别是国旅（深圳）国际旅行社有限公司、山东黄河口旅游集团有限公司、广州广之旅国际旅行社股份有限公司、广州南湖粤途国际旅行社有限公司、四川省中国青年旅行社有限公司，调解失败的投诉量分别为 171 件、45 件、30 件、30 件、22 件。

可见，在实际投诉调解工作中，合同履约特别是服务标准问题难以界定和取证，部分旅行社在与游客签订合同时打擦边球，导致游客得不到应有的服务或赔偿。建议执法部门对投诉调解失败多的企业予以重点关注。

四、节日假期投诉集中多发

（一）节日假期投诉量增幅较大

年内，节日假期共收到旅游投诉 3207 件，同比增长 41.15%。除元旦假期同比有所下降外，其他节日假期投诉同比均大幅增长。其中，端午假期投诉 425 件，同比增长 170.70%；“五一”假期投诉 528 件，同比增长 89.93%；国庆假期投诉 1133 件，同比增长 61.17%；中秋假期投诉 342 件，同比增长 48.05%；春节假期投诉 521 件，同比增长 32.57%，清明假期投诉 238 件，同比增长 24.61%。

可见，游客利用节日假期集中出行，对旅游热点国家和地区的接待能力造成极大压力，不但使游客体验感大打折扣，也势必造成目的地接待服务质量难以为继。

（二）节日假期投诉主要集中于旅游景区

全年七个节日假期共收到旅游景区投诉 1292 件，占同期投诉总量的 42.66%。其中，清明假期旅游景区投诉 132 件，占比 55.46%；“五一”假期旅游景区投诉 283 件，占比 53.60%；国庆假期旅游景区投诉 447 件，占比 46.16%；春节假期旅游景区投诉 201 件，占比 38.58%；端午假期旅游景区投诉 155 件，占比 36.47%；中秋假期旅游景区投诉 88 件，占比 25.73%；元旦假期旅游景区投诉 30 件，占比 18.40%。

可见，节日假期旅游景区面临的承载压力大，服务难以保证，游客体验感不好，极易引发投诉。

五、主要旅游经营主体投诉分析

（一）广东旅行社投诉较多

投诉量位居前五的旅行社依次是国旅（深圳）国际旅行社有限公司、广州南湖粤途国际旅行社有限公司、广州广之旅国际旅行社股份有限公司、陕西中国旅行社有限责任公司、上海天华国际旅行社有限公司，分别有 224 件、154 件、113 件、88 件、88 件。

投诉量排序前五的旅行社中有三家在广东，主要问题是未达到约定服务标准（占比 39.43%）、合同变更和解除问题（占比 19.34%）。

国旅（深圳）国际旅行社有限公司主要投诉问题是强迫或变相强迫购物（占比 40.54%）、广州南湖粤途国际旅行社有限公司主要投诉问题是合同变更和解除问题（占比 44.16%）、广州广之旅国际旅行社股份有限公司、陕西中国旅行社有限责任公司、上海天华国际旅行社有限公司三家旅行社主要投诉问题均是未达到约定服务标准。

投诉较多企业将被列为投诉警示对象，向属地通报，督促当地将其作为重点目标予以监督。同时，建议将上述企业列为重点执法检查对象，增加检查频次和力度，及时处罚其涉嫌违法违规的行为，倒逼其加强内部管理，提升服务质量。

（二）陕西 5A 级旅游景区投诉较多

年内，投诉量位居前五的 5A 级旅游景区依次是华山名胜风景区、秦始皇帝陵博物院、九江市庐山风景名胜区、黄陂木兰文化生态旅游区、嘉峪关文物景区，分别有 121 件、102 件、61 件、56 件、51 件。

投诉量排序前五的 5A 级旅游景区有两家在陕西，主要问题是人员服务问题（占比 65.98%）。华山名胜风景区、秦始皇帝陵博物院、九江市庐山风景名胜区、黄陂木兰文化生态旅游区、嘉峪关文物景区主要投诉问题均是人员服务问题。

上述企业将被列为投诉警示对象，向属地通报，督促当地将其作为重点目标予以监督。建议将上述景区列为重点通报对象或执法检查目标，督促其改进内部管理，提升服务质量。

（三）海南五星级饭店投诉多

投诉量位居前五的五星级饭店依次是亚龙湾红树林度假酒店、海南天域度假酒店、金陵饭店股份有限公司、三亚喜来登度假酒店、三亚国光豪生度假酒店，依次有 11 件、9 件、5 件、5 件、4 件。

投诉量排序前五的五星级饭店有四家在海南，亚龙湾红树林度假酒店、金陵饭店股份有限公司主要投诉问题是预订问题，海南天域度假酒店、三亚喜来登度假酒店、三亚国光豪生度假酒店主要投诉问题均是酒店服务问题。

上述企业将被列为投诉警示对象，向属地通报，督促当地将其作为重点目标予以监督。同时，建议将上述酒店作为检查和服务标准复核的重点对象，督促其改进管理，提升服务质量。

（四）在线旅游企业携程投诉多

在 5776 件在线旅游企业投诉中，投诉携程较为突出，有 3727 件，占比 64.53%。途牛 1052 件，占比 18.21%；同程 650 件，占比 11.25%；驴妈妈 139 件，占比 2.41%；飞猪 113 件，占比 1.96%。

对在线旅游企业的投诉案件，涉及旅行社产品的案件有 3529 件，占比 61%；涉及住宿产品的投诉有 1059 件，占比 18.3%；涉及交通产品的投诉有 863 件，占比 15%；涉及景区的投诉有 183 件，占比 3%。

投诉问题主要集中在旅行社产品未达到约定服务标准、住宿产品预订问题、交通产品预订问题以及景区产品门票预订问题。

在线旅游平台企业投诉主要集中于携程、途牛、同程等几家大企业，上述三家企业的投诉量占 OTA 投诉总量的 93.99%。可见，平台企业在积极抢占市场份额过程中，对服务质量的监督管理不够，造成网上产品虚假宣传多，预订套路多，游客易中招，导致投诉多。

六、投诉渠道和旅游方式分析

（一）12301 旅游服务热线和 12301 网络平台是游客投诉的主要渠道

年内受理的 33598 件旅游投诉案件中，通过 12301 旅游服务热线投诉 19583 件，占比 58.29%；通过 12301 网络平台投诉 12206 件，占比 36.33%；通过文化和旅游部官网投诉 1596 件，占比 4.75%；通过文化和旅游部信访投诉 20 件，占比 0.06%；通过工作电话投诉 69 件，占比 0.21%；通过信函投诉 17 件，占比 0.05%；通过上访投诉 30 件，占比 0.09%；通过其他方式投诉 77 件，占比 0.23%。

可见，各种投诉渠道畅通，游客可以采取方便的方式进行投诉。12301 旅游服务热线和网络平台是主要投诉渠道，两者占比达到 95%。其次是文化和旅游部官网，受理投诉占比近 5%。自 12301 平台上线运行后，游客选择信函和上访的投诉方式逐年减少。

（二）团队游客投诉明显多于自助游客投诉

在全年受理的 33598 件旅游投诉案件中，团队游投诉有 20677 件，占比 61.54%；自助游投诉有 12921 件，占比 38.46%。

自助游客投诉的主要问题是涉及景区人员服务（4839 件，占 37.45%）、景区门票（1393 件，占 10.78%）、住宿和机票预订（1528 件，占 11.82%）、旅行社自由行产品未达到约定服务标准（1059 件，占 8.2%）。

可见，游客选择团队出行，对旅行社服务期望值高，更易引发投诉。自助游客对景区服务和网上预订服务方面的投诉居多。

七、投诉游客分析

在地域上，上海、广东、北京、江苏和浙江等地游客投诉多。投诉游客数量居前五的省份是上海（3268 人）、广东（2898 人）、北京（2852 人）、江苏（2456 人）、浙江（1989 人），五省份占投诉游客总量的 40.07%。

在性别上，女性游客投诉占比较高。在全年 33598 人次投诉游客中，女性游客 19590 人次，占比 58.31%；男性游客 14008 人次，占比 41.69%。在年龄上，青年游客投诉占比近八成。青年游客（35 岁以下）投诉 15876 人次，占比 47.25%；年轻游客（35~45 岁）投诉 26221 人次，占比 78.04%；中老年游客（45 岁以上）7377 人次，占比 21.95%。

从投诉问题看，各年龄段游客投诉问题主要集中在旅行社未达到约定服务标准、旅游景区人员服务、旅行社合同变更和解除、旅行社擅自变更旅游行程、在线旅游企业旅行社产品未达到约定服务标准等。

可见，经济发达、消费能力强的地区，以及年轻和女性游客对旅游体验要求更高，维权意识更强。

第二章

以标准为引领，强化技术支撑，奠定旅游服务质量提升基础

旅游标准化工作落实《国家标准化发展纲要》的解析与思考

（刘建明、牟琳，2023年1月发表于《中国旅游评论》）

中共中央、国务院于2021年10月印发了《国家标准化发展纲要》（以下简称《纲要》），《纲要》进一步强调了标准化工作的重要性，明确了当前和今后一个时期我国各行各业标准化工作的方向和重点，是我国标准化事业发展史上的重要里程碑，对推动旅游业高质量发展具有重要意义。

一、标准化工作对旅游业高质量发展的促进作用

近年来，党中央、国务院高度重视标准化在促进高质量发展中的作用。2017年中央经济工作会议强调，必须加快形成推动高质量发展的指标体系、政策体系、标准体系、统计体系、绩效评价和政绩考核的制度。2018年，习近平总书记主持召开中央全面深化改革委员会第四次会议，审议通过《关于推动高质量发展的意见》，明确要求加快形成推动高质量发展的标准体系。2019年，习近平总书记在致第83届IEC大会贺信中指出："中国高度重视标准化工作，积极推广应用国际标准，以高标准助力高技术创新，促进高水平开放，引领高质量发展。"2021年，《纲要》开篇指出新时代推动高质量发展，迫切需要进一步加强标准化工作，要求加快构建推动高质量发展的标准体系，这是根据标准化发展阶段、发展环境、发展条件作出的科学判断，是对中共中央、国务院关于标准化工作要求的贯彻落

实。《纲要》对标准国际化工作给予了指引，提供了保障，为旅游标准国际化提供了有利的制度环境和政策依据。

当前，百年变局和世纪疫情交织叠加，不稳定性和不确定性显著上升，我国经济已由高速增长阶段转向高质量发展阶段，正处在转变发展方式、优化经济结构、转换增长动力的历史节点上，立足新发展阶段、贯彻新发展理念、构建新发展格局，解决发展质量和效益不高问题，提高全体人民对国家发展成果的获得感、幸福感成为社会经济发展和国家治理的重大课题。

作为国民经济重要组成部分，旅游业始终以满足人民美好生活需要为根本目标，不断从“高速度”向“高质量”转型发展，取得了显著成效，主要包括持续加大旅游基础设施建设力度，游客服务中心等配套设施不断完善；全域旅游、乡村旅游、红色旅游、度假休闲旅游加快发展，研学旅游、体育旅游、中医药健康旅游、邮轮旅游、冰雪旅游等业态不断丰富；“互联网 + 旅游”深入推进，旅游景区便利化智能化水平不断上升，旅游监测监管能力稳步提升，旅游体验持续改善。

同时，旅游标准化发展也迈上了新台阶。从 1995 年至今，旅游标准化工作从引进、消化、吸收的跟随式道路走向创新、引领的发展式道路，积累了大量成功经验和实践成果。当前，各级旅游标准化机构逐步建立完善，在全国旅游标准化技术委员会号召下，20 余省市建立了地方旅游标准化技术委员会，基本实现上下联动的工作模式；旅游标准体系持续更新，历经 2000 版、2009 版、2015 版、2020 版 4 次修订，旅游标准体系符合旅游业新常态的发展需求；多元化开展旅游国家标准和行业标准汇编与解读工作，并组织全国旅游标准化工作培训班，实施旅游标准绩效评估；重点标准辐射和带动作用较强，星级饭店、A 级旅游景区等老牌旅游标准较好地带动了相关业态旅游标准化建设，旅游民宿、自驾游等新业态标准积极引导产业优化布局和企业良性发展；标准推广落实效果良好，对标评定获得相应等级及称号的旅游企业超 2 万家；鼓励地方旅游标准化培优工作，开展4批共201个试点单位的旅游标准化试点示范工作，组织优秀地方旅游标准遴选活动，推出了一批有特色、实用性好的旅游地方标准。进一步强化标准化建设，不断优化旅游标准化治理结构，增强旅游标准化治理效能，提升旅游标准国际化水平，助推旅游业高质量发展，加快建设世界旅游强国。旅游标准化产学研体系有效运行，旅游头部企业标准化参与度较高。截至2022年8月，归口全国旅游标准化技术委员会的国家标准36个，行业标准71个，涵盖旅游住宿、旅行社、旅游交通、旅游景区、旅游餐饮娱乐、商务旅游购物、旅游教育研学、旅游市场监督管理等多类型标准，旅游标准基本实现全覆盖。

旅游标准化一直以来作为旅游业发展的重要技术支撑，是提高旅游服务质量的关键环节，是加强旅游行业治理和规范市场秩序的重要手段，是推动旅游创新和转型升级的重要力量，对提高游客满意度、促进社会经济发展具有十分重要的作用。鉴于我国旅游标准化工作正处于重要的战略机遇期，需要更为重视旅游标准化工作的重要作用，进一步加快旅游标准化工作进程，发挥标准化在推进国家治理体系和治理能力现代化中的基础性、引领性作用。

二、《纲要》对旅游标准化工作的新要求

《纲要》立足新时代推动高质量发展、全面建成社会主义现代化强国的要求，明确了我国标准化发展的指导思想、发展目标，从服务经济社会高质量发展和标准化自身发展两个方面部署了重点任务。对于旅游标准化工作,《纲要》一方面从提升保障生活品质的标准水平方面，提出了提高文化旅游产品与服务、消费保障、公园建设、景区管理等标准水平的明确要求；另一方面，旅游标准化发展也亟须与推动标准化改革创新和夯实标准化发展基础重大举措相结合，真正成为助推旅游业高质量发展的关键动力。因此，除了按照《纲要》要求进一步提升重点领域旅游标准水平，还应紧扣

当前旅游标准化发展存在的短板和问题，从以下 5 个方面不断精准精进。

一是针对旅游标准化工作存在市场主体参与不够、活力不够，政府主导的公益类标准数量和规模相对过大、标准供给不及时，尤其是旅游团体标准发展滞后等问题。对此，需围绕发挥市场在标准化资源配置中的决定性作用，更好地发挥政府作用。结合《纲要》从两方面提出创新举措：一方面同步推进推荐性国家、行业和地方标准改革，优化政府颁布标准和市场自主制定标准二元结构，大幅提升市场自主制定标准的比重；另一方面，不断激发市场主体活力，建立健全政府颁布标准采信市场自主制定标准的机制，建立标准版权、标准交易制度、标准融资增信、标准创新型企业等制度，实施团体标准培优计划、企业标准领跑及对标达标行动等措施。从而充分发挥旅游市场对标准化资源配置的决定性作用。

二是针对旅游市场涌现了许多新业态、新产品，全域旅游和文旅融合也对旅游标准化工作提出了更高要求等问题。对此，需要紧扣《纲要》提出的全域标准化深度发展的要求，推动标准化全面融入科技创新、产业发展、绿色发展、城乡建设和社会建设，实现农业、工业、服务业和社会事业等领域标准全覆盖，新兴产业标准地位凸显，健康、安全、环境标准支撑有力，建成推动高质量发展的标准体系。从而不断更新完善全国旅游标准体系。

三是针对旅游标准化工作一定程度存在重标准制定，轻标准实施和监督的现象等问题。对此，需结合《纲要》强化标准全生命周期管理的相关具体措施。如在标准制定方面，持续优化标准制定流程、平台和工具，健全企业和消费者等相关方参与标准制修订的机制等。在标准实施方面，建立法规引用标准制度，依据标准开展宏观调控、产业推进、行业管理、市场准入和质量监管，健全基于标准或标准条款订立、履行合同的机制。在监督管理方面，健全标准制定实施全过程的追溯、监督和纠错机制，鼓励社会公众对标准实施进行监督；健全团体标准良好行为评价机制，实施企业标准自我声明公开和监督制度；开展第三方评估，加强标准复审和维护；

建立标准实施举报、投诉机制。从而推动旅游标准实现全过程闭环管理。

四是针对我国已成为全球重要的旅游目的地和重要的旅游资源市场，旅游标准国际化进程却与我国国际地位不相匹配，特别是对接“一带一路”旅游发展的标准化需求还有较大差距等问题。对此，需积极领会《纲要》在推动中国标准“走出去”、国内国际协同发展等标准国际化发展路径上作出的重要部署。在推动中国标准“走出去”方面，要求积极参与国际标准化活动，推出中国标准多语种版本。支持企业、社会团体、科研机构等积极参与各类国际性专业标准组织。在国内国际协同方面，要求统筹推进标准化与科技、产业、金融对外交流合作，建立政府引导、企业主体、产学研联动的国际标准化工作机制，促进政策、规则、标准联通，推进中国标准与国际标准体系兼容。从而加快推进旅游标准国际化进程。

五是针对旅游标准化工作还存在基础性研究不足，相关调查研究不深，人才培养体系仍不完善等问题。对此，需把握《纲要》从强化工作基础和提高效率等角度提出的新举措。即在强化工作基础方面，加强标准化理论和应用研究，强化标准化研究机构建设，构建多层次从业人员培养培训体系，提升标准化人才队伍素质。在提高效率方面，完善专业标准化技术组织体系，健全跨领域工作机制，加强标准与质量基础设施融合发展，大力发展标准化服务业，进一步开展标准化试点示范，全面提升全社会标准化意识，从而进一步强化旅游标准化工作基础。

三、提升旅游标准化工作水平实施路径

一是健全旅游标准化工作机制。强化“政府部门指导、行业协会运作、企业共同参与”的旅游标准化工作机制，促进构建国家、省、市三级旅游标准化网络组织体系，鼓励有条件的地区建立区域性旅游标准化合作组织。联合省市旅游标准化组织，完善各级旅游标准化组织联动机制。完善旅游标准编制的组织实施，规范标准编制管理，提升标准公开透明程度，

严格标准评审流程，进一步提升旅游标准质量。

二是完善旅游标准供给体系。实施好《全国旅游业标准体系表（2020）》，根据旅游市场新需求、新业态、新产品，做好标准布局，规划编制《全国旅游业标准体系（2025版）》，完善由推荐性国家标准、行业标准、地方标准、团体标准等组成的旅游标准体系。拓展旅游标准覆盖范围，对旅游业与其他产业跨界融合产生的“旅游+”和“+旅游”新业态，优先开展文化和旅游深度融合、生态旅游、乡村旅游、“互联网+旅游”、红色旅游、研学旅行、智慧旅游和无障碍旅游等重点领域标准研制，及时补充和完善现有的各类旅游标准。

三是健全旅游标准宣贯实施体系。建立旅游标准化多方协同的工作模式，加大标准宣贯力度，丰富和创新旅游标准宣贯手段，构建多方式、多平台、全方位的旅游标准化宣传推广体系，增强行业的标准意识和认知水平。持续开展遴选优秀地方旅游标准系列活动，通过多种方式吸引更多旅游企业参与旅游标准化工作，激发企业对标达标积极性。开展旅游标准评定实施和旅游标准化试点示范工作，总结、推广、宣传旅游标准化试点示范经验。构建旅游标准实施效果评价指标体系，及时准确地监测标准的适用性和有效性，建立面向企业、行业和社会的旅游标准实施反馈渠道，总结运用标准实施情况数据，为标准修订、修改、研制提供参考和依据。

四是强化旅游标准化发展基础。加大旅游标准化基础理论研究力度，提高科技成果的标准转化率。加强与高等院校、科研院所、骨干旅游企业的合作，建立旅游标准化科研协作机制，提升旅游标准化科技水平。加强旅游标准化人才队伍建设，常态化开展旅游标准人才培训，加强国际旅游标准化人才交流，充实和完善旅游标准化专家库，发展壮大旅游标准化专家队伍，根据新技术、新业态的需要及时扩充更新旅游标准化专家。指导和帮助旅游企业加强标准化培训，增强旅游企业员工的标准化意识和专业能力。

五是提高旅游标准国际化水平。开展国际旅游标准科研交流合作，积极履行国际标准化组织成员国义务，开展国际标准研制合作，参与国际标准审查投票。加大国际标准研究力度，推动国际旅游标准的采标转化和联合研制。加强中国旅游标准与国际旅游标准的对比与分析研究。扩大旅游标准化的国际话语权，积极参与和举办旅游国际标准化活动和会议，重点探索和实施共建“一带一路”沿线国家旅游标准化合作机制，不断扩大中国在国际旅游标准界的话语权。

旅游演艺的标准化现状与发展研究

（刘建明、牟琳，2024 年 1 月发表于《文化和旅游决策参考》）

旅游演艺标准作为行业规范管理与治理的工具，将进一步发挥“软法”属性；作为行业经验成果，将进一步凸显“引领”属性，推动旅游演艺特色化、差异化、规范化、系统化发展旅游演艺对旅游市场具有巨大的带动作用，能有效提升旅游产品与服务的文化内涵。在文旅融合高质量发展的新时期，旅游演艺已然成为以文塑旅、以旅彰文的重要载体和融合范例。推动旅游演艺发展有利于挖掘、保护和弘扬中华优秀传统文化、提升民族认同感和国家文化软实力。

为加强对旅游演艺经营活动的监管，文化和旅游部出台了《关于促进旅游演艺发展的指导意见》等一系列政策文件，明确要求“加快推进旅游演艺安全、服务和管理等方面标准的制修订工作”，进一步肯定了旅游演艺标准在管理旅游企业演艺经营活动方面的基础性作用、在实现行业规范化专业化发展方面的支撑性作用。从行业发展现状来看，进一步丰富旅游演艺的相关标准，有利于从专业角度引导、规范旅游演艺发展。

一、旅游演艺的形式与内核

旅游演艺是根植于旅游目的地、旅游景区，以各类游客为主要观众来源，以地域文化、民族风情、城市精神为故事源泉，运用舞蹈、歌曲、杂技等艺术表现手段呈现的一种演出业态。通过旅游演艺，游客可以感受旅游地的历史变迁与时代变化，体会当地特有的艺术与民俗魅力。

当前，随着旅游需求的扩展和大旅游概念的应用，旅游演艺范畴的不断扩大，既包括《印象·刘三姐》《封禅大典》《长恨歌》等山水实景演出、《宋城千古情》等主题公园演出、《云南映象》等独立剧场演出，也包括泼水节、篝火晚会等情境体验演出，京剧、相声等传统镜框式演出。传统旅游演艺节目也适应市场需求，进一步拓展其外延范围，增加演唱会、音乐节、歌舞剧等新的表演形式，吸引更多样的旅游消费人群。

纵观国内外旅游演艺的发展，主要有几个显著趋势。一是旅游景点化演出，即演艺成为景区的一个重要景点，具有旅游吸引物的功能，比如灵山胜境的演出《吉祥颂》等。二是产品化演出，即演艺通过独具特色的剧目和表演形式，其自身形成旅游地的一个核心吸引物，比如美国纽约百老汇的剧目等。三是生活化演出，即演艺元素融入旅游地的生产、生活中，通过当地居民向游客再现旅游地的生产、生活方式，从而使游客形成对旅游城市的真实体验与感知，比如西班牙街头随处可见的弗朗明戈舞。可以说，旅游演艺是旅游、演出与生活相融合的产物，是新时期旅游发展新动能、地域发展新名片。

旅游演艺的发展情况、规模、数量取决于旅游目的地的经济发展水平、游客规模、旅游资源品质及演艺供给能力。无论哪种旅游演艺类型，其本质与核心都是文化元素和旅游元素的融合渗透，娱乐性强、富有文化内涵的产品具有高辨识度、自带流量、充满活力和吸引力，可以极大地促进旅游业与演艺界的良性互动，为游客带来独特而难忘的体验，实现文化传播，促进旅游地社会效益、经济效益的提升。

二、旅游演艺标准化现状及问题

旅游标准化是高度概括、总结规律的科学，浓缩了先进技术和管理经验，可以促进服务手段的科技化、服务过程的高效化、服务质量的优质化。通过实施旅游演艺标准化，可将旅游演艺服务中的好经验和好做法进行提炼、总结、固化、转化，从而形成可复制、能传播、易实施、好操作的服务流程和服务指南。旅游演艺标准化的发展使得产业规模不断扩大和产品价格不断下降，越来越多的消费者可以消费更高质量的旅游演艺服务。

2015 年，我国首个旅游演艺行业标准《旅游演艺服务与管理规范》发布，为规范管理旅游演艺行业提供了新思路。此后，旅游演艺国家、行业、地方标准陆续发布。当前，现行有效的旅游演艺标准如下表所示。

表 1　旅游演艺标准情况

	标准等级	标准编号	标准名称	归口单位	标准内容
1	国家标准	GB/T 32941.1-2016	实景演出服务规范　第 1 部分：导则	全国休闲标准化技术委员会	规定实景演出的选址和规划、研发、标识导引、安全、卫生、经营管理、考核与评价等基本原则和要求
2	国家标准	GB/T 32941.2-2016	实景演出服务规范　第 2 部分：演出管理	全国休闲标准化技术委员会	规定实景演出场所的演出设施设备要求和演职人员基本规范
3	国家标准	GB/T 32941.3-2016	实景演出服务规范　第 3 部分：服务质量	全国休闲标准化技术委员会	规定实景演出场所的服务设施和服务人员的质量要求
4	国家标准	GB/T 36734-2018	主题公园演艺服务规范	全国服务标准化技术委员会	规定主题公园演艺服务的原则、基本要求、服务组织、服务人员、服务设施、服务流程、持续改进等内容
5	行业标准	LB/T 045-2015	旅游演艺服务管理规范	全国旅游标准化技术委员会	规定旅游演艺的术语定义、基本原则、演艺要求、服务要求和管理要求等内容
6	地方标准	DB61/T 1591-2022	旅游演艺从业人员服务要求	陕西省文化和旅游厅	规定旅游演艺从业人员术语和定义、岗位基本要求、岗位任职要求、岗位服务规范等内容

续表

	标准等级	标准编号	标准名称	归口单位	标准内容
7	地方标准	DB45/T 1365-2016	三江侗族自治县旅游演艺管理服务规范	广西壮族自治区质量技术监督局	规定旅游演艺的术语定义、演出过程管理、演出设施设备管理和服务接待的相关要求
8	地方标准	BD1410/T094-2019	旅游景区演艺服务规范	临汾市市场监督管理局	规定旅游景区演艺的演艺要求、演艺流程、管理和服务要求

总体来看，旅游演艺标准有以下问题：①旅游演艺标准数量少，现有标准体量难以满足行业发展和业态需求，除现有的管理规范标准以外，服务配套支撑标准缺口较大，剧场工程、剧场技术相关标准也仅局限于工程建设，对于近年涌现的如：沉浸式旅游演出等旅游演艺新形式和新产品，缺乏相应的条款内容规范；②随着文旅深度融合，旅游演艺的内涵、外延均有调整及革新，现有旅游演艺标准未能有效体现融合态势，与行业发展和业态创新的要求有一定差距；③国内尚未形成完善的“国、行、地、团、企”旅游演艺类标准化体系，现有标准呈现“点”状布局，规范内容相对集中，对某一类产品具有较强针对性，未能对“点—线—面”全产品链发展提供规范化管理的技术支撑；④标准归口管理单位不一，在标准的使用对象、内容要求、评价尺度方面均有所区别，导致企业在对标实施中提供品质不一的服务和产品，引起消费者对于不同旅游演艺标准化品牌的混淆。

由于旅游演艺产业起步较晚，旅游演艺标准的制定出台也略晚于旅行社、旅游住宿等传统业态标准，但旅游演艺标准的市场呼声较高，具有强劲的发展潜力和广阔的发展空间。2023 年全国“两会”期间，多位代表提出以国标、行标、地标、企标四级标准解决旅游演艺良莠不齐、投入产出不均、内容主题杂乱、管理服务不到位等问题。面对如今愈加繁荣的旅游演艺市场，众多旅游演艺企业关注到旅游演艺标准的示范引领作用，积极参与和践行旅游演艺标准化，提升旅游演艺服务和管理水平。旅游行业管理部门意识到标准作为新型治理工具，对企业提质升级、行业管理规范具有明显的推动作用，将旅游演艺标准作为业态监管的依据和工具，通过宣传实施标准摸清旅游演艺市场现状，应用、推广旅游演艺新型治理理念，推动市场有序稳定发展，促进行业向规范化、专业化升级转型。

三、旅游演艺标准发展方向

旅游演艺作为丰富文化和旅游融合业态、增加游客停留时间、促进文旅消费的重要助力，为传统观光旅游模式提供了创新发展的路径，为旅游发展注入新的活力。在制定旅游演艺相关标准时，应深刻认识到文化是旅游的精神内核，旅游是文化的重要载体，制定促进文化元素与旅游元素深度融合、有机结合的旅游演艺标准，赋能旅游演艺行业升级优化。据此，下一阶段旅游演艺标准的发展重点有以下方面。

（一）系统化布局

一方面，多种类型的旅游演艺产品互相串联，逐步形成业态品牌，辐射带动周边产业，进而发展演变成为“演艺旅游”新业态。在市场环境愈发复杂、行业分工逐渐细化、专业程度不断提高的背景下，体系化的标准能够引导行业合理布局、拓展行业发展空间、调整优化结构。从规范业态发展的角度，旅游演艺标准要系统、均衡布局基础类标准和管理类标准，有效发挥标准精准治理行业的重要抓手作用。其中，基础类标准能够界定一致的概念和统一的范围，实现行业使用“通用语言”，在企业和企业、政府和企业，以及游客和企业之间形成有效的沟通桥梁，便于达成共识。管理类标准通过科学的衡量尺度，设置服务质量底线和高线，便于开展有效评判，区分优良中差，进行分类分级指导。

另一方面，标准在编制和使用过程中，系统化发展、分层分级发展是标准不断优化和有效存续的必然趋势。稳定的树形标准体系将进一步实现标准规范和引导业态方面的全覆盖，同时有利于减少标准间交叉、矛盾的情况。此外，标准的分层分级可以进一步推动标准内容的精细化，使之更具操作性和针对性，便于企业和消费者对照选择。

（二）融合性创新

随着旅游演艺内涵丰富和外延扩展，旅游演艺标准的内容将进一步突出文化与旅游的融合属性，表现为：尊重不同地域文化特色和多样性，促进不同文化之间的交流与理解，引导如实反映真实历史，平衡好传统文化的传承与现代元素的创新，实现演出雅俗共赏、寓教于乐的效果。旅游演艺标准内容还将进一步加强传统故事和科技感的融合，表现为：推动演艺节目更多引进信息科学技术，探索创新形式，增强不同演艺场地和条件的适应性与流动性，保障旅游演艺节目的新鲜感和吸引力。此外，标准还将实现“演”与“观”的融合，表现为：重视演艺节目的内容和质量，增加演艺消费者的互动参与，吸收演艺消费者成为演出的一部分，在增强演艺消费者文化感悟的同时，为其打造难忘的体验。

（三）连接式发展

一是规范从场地选取到节目编排、从设备制造到舞美设计、从宣传推广到现场服务、从文化挖掘到演艺衍生产品打造等方面的衔接，实现演艺产业链上下游的协调互动，以标准化推动产业“链”式发展。二是以人文生态保护和经济社会文化可持续为发展原则，推动演艺行业不同标准之间的生态化连接，各类标准以各自生态位连接形成演艺产业生态圈。三是通过标准的运用和国际化推广，打造旅游演艺国际样板，实现中国故事“走出去”，强化国际文旅交流合作，增强文化软实力，实现本土文化传承和走向世界。

文旅融合，标准先行。旅游演艺标准作为行业规范管理与治理的工具，将进一步发挥“软法”属性，为旅游演艺政策、法律法规实施，检验与校正产业做好配套；同时，旅游演艺标准作为行业经验成果，将进一步凸显“引领”属性，引导旅游演艺实现高质量产品供给和服务供给，推动旅游演艺特色化、差异化、规范化、系统化发展。

我国旅游住宿标准化发展现状、特点及存在问题研究

（牟琳，2021 年 7 月发表于《标准科学》）

一、引言

旅游住宿作为旅游行业三大支柱之一，在供给旅游服务，刺激旅游消费方面发挥着不可替代的作用。当下，随着旅游目的地建设思路与模式的变化，旅游住宿企业的内涵大大扩展，住宿企业不再局限于“住宿”单项服务，逐步提供“吃”“购”“娱”等服务。旅游民宿、乡村客栈、主题酒店、精品酒店、共享住宿、度假租赁公寓等多种类型的住宿丰富了游客的出行选择，越来越多的游客仅围绕旅游住宿单元进行旅游活动就能获得满意的旅游体验。

在我国旅游住宿业蓬勃发展的形势下，呈现出一些问题，如服务质量不高、卫生状况欠佳、存在安全隐患、硬件设施老化等。旅游住宿业归根到底是一门依赖标准化、规范化为产品基础的行业，因此旅游管理部门为了规范旅游住宿业的发展，常常通过住宿标准化建设，引导旅游住宿企业的高质量发展。

旅游住宿标准在旅游标准领域地位十分重要，我国首个旅游标准是在改革开放之初制定的，为缓解旅游涉外住宿严重不足的状况而在 1988 年颁布实施的行业标准《旅游涉外饭店的星级标准》，开启了中国住宿业的现代化征程。1993 年《旅游涉外饭店的星级划分和评定》上升为国家标准。

星级标准作为我国旅游标准化工作的开端，对全国服务性行业标准化工作的起步和建设起到了非常显著的示范作用，“星级”的概念被众多行业应用，成为消费档次和服务质量的象征。旅游住宿标准作为行业管理的利器，在提升我国饭店业整体服务质量方面起到了巨大的作用。面对饭店服务市场专业化、精细化发展，提升企业竞争力需要标准化的手段。为了更好地发挥旅游住宿标准的作用，本文试图结合数据分析，理清现存住宿标准特点，研究特点下反映出的问题，为旅游标准的制定提供方向性建议和参考。

二、旅游住宿标准化发展现状

旅游住宿标准化工作作为旅游住宿管理部门的一项管理工具，旨在规范旅游住宿业市场秩序和住宿企业的经营服务行为，达到消除旅游住宿产品和服务的混乱无序情况的目标。在发展过程中，越来越多的企业出于增强核心竞争力，提升经营效益的目的参与旅游标准化活动。这就使得部分旅游住宿标准基于旅游行政主管部门与旅游企业的协商一致而产生，不仅体现了行业统一的技术要求，也成为旅游规范化经营和服务的市场准则。

旅游住宿标准化有其区别于其他活动的独自的特点，比如标准内容更易于量化，具有操作性；标准内涵更为重视服务的人文关怀，关注服务的规范化程序建设；标准规制对象较为复杂，关注标准的持续引领与对行业发展扩展性影响；相较于旅游景区和旅行社标准更加关注不同消费群体的需求变化，更为重视新业态的发展；注重时代性，强调设施设备与经营管理的智慧化程度等等。从改革开放之初旅游住宿业标准化体系建设发展至今近四十年时间，该行业在现阶段面临着新的形势、新的任务和新的发展趋势。

标准化活动的范围受到标准化机构的影响，机构的差异导致了标准实施效果和影响力的差异。根据旅游标准化机构的规定，目前旅游住宿标准分为四个层次：国家标准、行业标准、地方标准、团体标准。前三个层次的标准具有协商一致、共同使用、重复使用的特点，是旅游住宿标准化体系的主体成分，其基本情况大致如下。

1. 国家标准

国家标准由官方机构或国家政府部门授权、批准，由中华人民共和国国家市场监督管理总局和中国国家标准化管理委员会发布，在全国范围内统一使用。根据全国旅游标准化技术委员会数据，旅游业国家标准共 31 项，涉及旅游住宿 3 项，占比将近 1/10。

《旅游饭店星级的划分与评定》（以下简称“星评标准”）自 1988 年首次颁布实施以来，历经四次修订，历次版本发布情况为：GB/T14308-1993、GB/T14308-1997、GB/T14308-2003、GB/T14308-2010。星评标准依据消费市场变化和住宿业自身发展需要规定了旅游饭店星级的划分条件、服务质量要求和安全管理要求等运营规范要求的条款。该标准的出台，带动了一系列旅游饭店星级品牌化发展。获评星级饭店意味着旅游管理部门对旅游饭店高水准服务质量的认证，该标准在出台近 30 年间，对引导和规范我国旅游饭店业的发展壮大起到了举足轻重的作用。同时，每一版标准又具有不同的特征，主要解决不同阶段住宿业发展的主要矛盾。

1988 年标准，解决了饭店基本功能与设施的要求，实现了中国住宿业的现代化起步。

GB/T14308-1993，标志着饭店业标准进入国家标准系列，一个随意、模糊的行业步入规范化发展阶段，适应了“工业化”时代的市场消费需要。

GB/T14308-1997，79 项选择项目的增列，适应大众旅游消费的需要，标志着标准的弹性基因萌芽。

GB/T14308-2003，“三性原则”提出，意味着标准对专业化发展的重视。

GB/T14308-2010，“六个强调”（必备项目、核心产品、绿色环保、应急管理、软件可衡量、特色经营），标志着标准对基本品质的关注。

目前正在修订的星级标准，相信会对新环境、新技术、新渠道、新族群、新业态背景下住宿业的发展做出反应，将更为聚焦旅游住宿业的卫生、安全、消防等重点内容。

进入 21 世纪后，为适应互联网技术带来的市场变革、经营变革和管理变革，规范住宿业信息化建设，提升旅游饭店信息化系统的有效性、实用性、可持续性建设，2010 年又颁布出台了《旅游饭店管理信息系统建设规范》(GB/T26357-2010)，规定了旅游饭店管理信息系统建设的基本内容和规范，标准框架分为基础内容、系统构成和系统建设几部分在系统建设部分分为前台管理、后台管理与支持系统。标准对于饭店信息化管理程序的规范，饭店管理的信息化水平和服务质量的提升有引领和促进作用。

2. 行业标准

行业标准由文化和旅游部批准发布，在旅游范围内统一使用的标准。截至 2020 年 8 月，旅游业共有 76 项行业标准，涉及旅游住宿有 6 项，分别是《星级饭店访查规范》(LB/T006 - 2006)、《旅游饭店节能减排指引》(LB/T018-2011)、《绿色旅游饭店》(LB/T007-2015)、《文化主题旅游饭店基本要求与评价》(LB/T064-2017)、《精品旅游饭店》(LB/T066-2017)、《旅游民宿基本要求与评价》(LB/T065-2019)。以上标准主要针对新市场、新环境、新消费、新需求下住宿业新业态的发展变化，侧重于引领旅游住宿企业特色化、差异化、品牌化、个性化发展，同时也为旅游住宿的管理部门提供了政策补充和监管依据。

3. 地方标准

地方标准是由一个国家内的某个行政区域标准机构制定并在该区域内统一使用的标准。根据全国标准信息服务平台公布的标准，共 27 个省（自治区、直辖市）发布了 112 项旅游住宿标准，标准旅游住宿的服务规范、涉及卫生规范、安全规范、等级划分等多个方面，使用对象上，包括了乡村民宿、经济酒店、商务酒店、主题酒店、家庭旅馆、农家乐等多种类型。地方旅游住宿标准以部分标准或系列标准的形式呈现，以北京出台的地方标准为例，《“北京人家”服务标准与评定》属于部分标准，《乡村旅游特色业态基本要求及评定》则是系列标准，包含乡村酒店、养生山居、休闲农庄、生态渔家、山水人家等部分。

三、数据统计及分析

基于上述旅游住宿标准化体系的现状，深入分析其内在结构，发现许多问题，思考和探索标准化今后发展的方向是十分重要的任务。截至 2020 年 1 月，采集到的旅游住宿国家标准 2 项，行业标准 6 项，地方标准 112 项。对数据量较大的地方标准进行数据分析，并结合国家标准、行业标准数据，进行综合对比分析，从以下维度形成基本的分析数据。

（一）时间维度

表 1　旅游住宿标准数量——时间维度

类别 年份	2005	2006	2007	2008	2009	2010	2011	2012	2013	2014	2015	2016	2017	2018	2019
地方标准数量（项）	1	2	2	2	1	5	1	8	15	4	15	5	9	22	20
国家及行业标准数量（项）		1				2	1				1		2		1

首先，各年份出台的旅游住宿标准数量如上表，总体来看，2005—2019 年总体制定出台的旅游住宿标准数量较多。部分标准出台较早，且延续使用。从表 1 可见，当前旅游住宿标准中，超过 10 年未开展复审的住宿标准达到 16 项，超过 5 年未开展复审的住宿标准达到 45 项。2005 年山东出台的《旅游饭店卫生规范》（DB37/T543-2005），已超过 15 年未曾修订。说明标准老化情况比较严重。

其次，从图 1 可见，2005—2019 年地方制定出台的旅游住宿标准数量总体呈波动上升趋势。2013 年、2015 年出台的地方标准数量相较于其

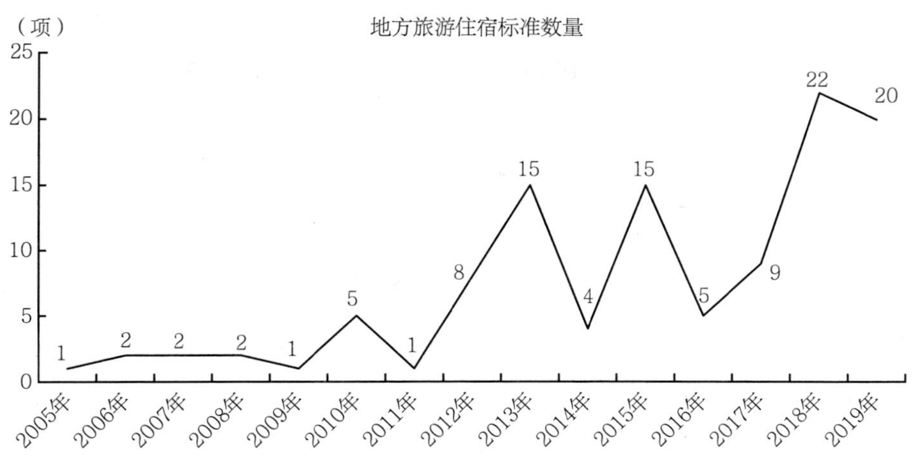

图 1　地方旅游住宿标准发布时间折线图

他年份呈现出大幅提升，旅游住宿标准出台数量均为 15 项。2018 年出台的地方标准出台数量为 15 年最高 22 项，2019 年次之，为 20 项。这与 2005 年开始中国全面进入互联网时代，社会整体与消费市场变化的大背景密切相关。

而依据标准发布的时间，可以将我国地方旅游住宿标准分为 3 个阶段：

第一阶段（2005—2009 年）为起步阶段，5 年里共出台 8 项地方标准，出台国家及行业标准 1 项，为旅游住宿标准化发展打下基础，指明方向。

第二阶段（2010—2017 年）是蓬勃发展阶段，7 年间出台 62 项地方标准，6 项国家及行业标准，这一阶段旅游标准化工作进入了一个新的层次，国家旅游局与国家标准化管理委员会签署了《关于推动旅游标准化工作的战略合作协议》、我国首次制定发布旅游标准化建设规划《全国旅游标准化发展规划（2019—2015）》、《中华人民共和国旅游法》的出台、旅游标准化试点工作的开启均对旅游住宿标准的发展起到了强大的推动作用。

第三阶段（2018—2019 年）是旅游标准化工作转型升级阶段，2 年间出台了 42 项地方标准，1 项国家标准，这一时期，正逢文化和旅游部机构改革阶段，国家和行业旅游标准化工作进程较缓，呈现出空档期，此时地方旅游管理部门出于推动监管旅游住宿业的需求，刺激了旅游住宿标准的大量出台。

（二）对象维度

根据标准规范对象进行统计，可将 112 项地方旅游住宿标准分为住宿安全、住宿餐饮、住宿服务、住宿卫生、区域特色住宿、乡村旅游住宿、主题酒店等类别。住宿标准规制的对象较为集中，由图 2 可见，乡村旅游住宿、住宿服务、区域特色住宿类的标准占比较大，分别为 37%、23%、17%。涉及住宿卫生和住宿餐饮的标准较少，分别仅有 3 项和 2 项，占比约为 3% 和 2%。从数据整体来看，地方旅游住宿标准规范的对象较为不均衡。

从数据量较多的对象分析，共有 11 个省（自治区、直辖市）制定了乡村旅游住宿标准，数量达到 42 项，占到总量的 37%，包含了乡村旅游

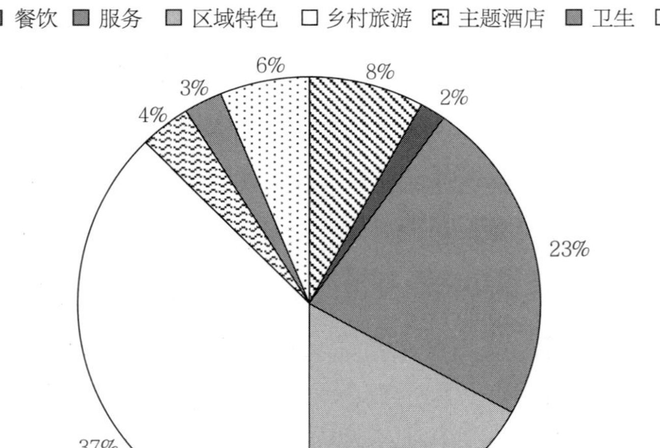

图 2　地方旅游住宿标准对象类别

民宿、农家乐、旅游特色农庄等标准。具有区域特色的地方旅游住宿标准数量位居第二，共有 5 个省（直辖市）制定了 19 项，占到总量的 17%。这类标准都具有明显的地域住宿特性，如《“北京人家”服务标准与评定》《贵州省森林人家建设标准》等限定了标准的使用对象为省级范围内旅游住宿；而《阳朔民居旅馆服务质量要求与等级划分》《成都市旅游饭店早餐供给服务划分与评定》等将标准规制对象限定为市级范围内旅游住宿；范围更窄的标准如《贡山县农家乐住宿服务规范》《屏南白水洋鸳鸯溪景区旅游服务家庭旅馆》均对县级或景区内部旅游住宿有规范要求。层级分明的旅游住宿标准对于企业的特色化、差异化发展能够起到引导和推动作用，但也要看到标准的适用范围多极化导致了适用普遍性不足，影响了标准的推广落实效果。

此外，针对住宿卫生、住宿餐饮、住宿安全类等基本产品品质的标准制定数量较少，究其原因，一是因为涉及卫生、安全等方面，已有相关的国家或行业强制性标准如《旅店业卫生标准》（GB9663）、《住宿与生产储存经营合用场所消防安全技术要求》（GA703）等。二是在当前行政体系下，旅游住宿业面临“政出多门”的情况，旅游管理部门对其的管理需要协调多部门共同开展，在此前提下，制定发布卫生、餐饮或安全类旅游推荐性标准意义不大。

（三）地域维度

按照省份或直辖市分类，27 个省（自治区、直辖市）出台了旅游住宿地方标准，从省或直辖市制定数量来看，北京制定了 15 项，云南 14 项，四川 8 项，以上地区较为密集地出台了旅游住宿标准，说明这些地区的旅游住宿业态发展较为迅速，对于旅游住宿的标准化管理较为重视。

按照地域分布进行分类，出台的住宿标准集中在华北、西南，西北地区制定出台的旅游住宿标准总量与其他地区旅游住宿标准总量有一定差距，标准区域分布较为不均衡。从数据看，华北地区出台的地方旅游住宿

表 2 地方旅游住宿标准数量——地域维度

华北（31）		西北（8）		东北（11）		华东（16）		中南（12）		西南（24）	
北京	15	青海	2	吉林	7	江苏	6	湖南	1	四川	8
河北	7	新疆	4	辽宁	2	安徽	5	广东	4	云南	14
山西	3	宁夏	1	黑龙江	2	浙江	1	广西	5	重庆	2
内蒙古	6	甘肃	1			上海	2	海南	2		
						福建	1				
						江西	1				

标准数量位居第一，为 31 项，主要由于北京、河北等地旅游住宿发展较早，政府对旅游标准建设重视程度较高，旅游住宿体系较为完善，出台的标准多为系列标准，如《乡村旅游特色业态基本要求及评定》（DB11/T652），包含乡村酒店、养生山居、休闲农庄、生态渔家等 8 个部分。位居第二位的西南地区共出台 24 项地方旅游住宿标准，云南、四川等地具有独特的民俗旅游资源和较强的自然资源，旅游业相对发达，在旅游住宿标准的设计上，更加注重发挥地方区域的特色，如《雅安市“金熊猫”旅游服务质量等级划分与评定第 1 部分：住宿服务场所》。华东地区共出台 15 项地方旅游住宿标准，江苏、上海、浙江等地经济水平较高，有较大的旅游住宿需求和良好的物质基础，在旅游住宿规制的对象上范围更加全面，涵盖星级饭店、农家乐、乡村民宿、社会旅馆等。

四、存在的问题

因旅游住宿标准是旅游业标准的“先行军”“探路者”，分析旅游住宿标准存在的问题对旅游业标准都有十分重要的意义，可以说旅游住宿标准凸显的问题也是旅游业标准存在的一些共性问题。结合数据，综合对比国家标准、行业标准、地方标准，可以看出在现阶段旅游住宿标准存在以下问题。

（一）标准欠缺协调性，分类化程度不足

目前，旅游住宿标准总体数量多，标准的出台较为集中，依据旅游住宿标准的发展趋势，制定数量将持续上升。这一现象主要原因在于，一是部分地区将旅游标准的建设作为向全国展现地方旅游住宿特色、住宿服务水准和旅游创新能力的窗口，二是大部分地区较为注重运用标准化手段，通过旅游住宿标准的制定，能够为旅游住宿企业的行政管理提供依据。

从标准内容看，国家、行业、地方旅游住宿标准规范对象和内容重叠多，难以衔接配套，现行的 112 项地方旅游住宿标准中，有 108 项标准为评定类、规范类标准，占总量的 96.43%，众多的评定与规范标准，导致同一规制对象，在不同地区有不同的要求，难以保持水准的一致。此外，在已有国家和行业标准的前提下，出台同种规制对象的地方标准，导致不同等级的标准内容存在矛盾和信息混乱，消费者难以准确把握这些等级所传递出来的质量信息，弱化了标准的市场效果。

从现有旅游住宿标准体系来看，规范对象尚不全面，住宿体系未能完整地建立，标准对象更多侧重于某一类型住宿服务企业。北京、云南出台了针对旅游住宿的系列标准，但大部分地区的住宿标准存在分类化程度不高，深度不足的问题。如餐饮、会议、康养、休闲等顾客需求仅体现在标准的某一章节，且规定内容比较粗略，尚未制定出台相关的专项标准（表 3）。

（二）标准内容老化，市场化程度不高

标准具有“保质期”和“有效期”，这意味着标准的更新、复审和修订是必要的。我国国家标准、旅游业行业标准的复审周期均为五年。《地方标准管理办法》规定地方标准复审周期一般不超过五年，存在以下情况应当及时复审：①法律法规、规章或者国家有关规定发生重大变化的；②涉及的国家标准、行业标准、地方标准发生重大变化的；③关键技术、适用条件发生重大变化的；④应当及时复审的其他情形。根据内容对复审

表3 现有旅游住宿系列标准

1	北京	DB11/T 652.4-2018	乡村旅游特色业态基本要求及评定 第4部分：乡村酒店
2		DB11/T 652.5-2018	乡村旅游特色业态基本要求及评定 第5部分：养生山居
3		DB11/T 652.6-2018	乡村旅游特色业态基本要求及评定 第6部分：休闲农庄
4		DB11/T 652.7-2018	乡村旅游特色业态基本要求及评定 第7部分：生态渔家
5		DB11/T 652.8-2018	乡村旅游特色业态基本要求及评定 第8部分：山水人家
6	云南	DB53/T 462.1-2013	旅游饭店服务质量评定 第1部分：评定规则
7		DB53/T 462.2-2013	旅游饭店服务质量评定 第2部分：员工职业形象与行为
8		DB53/T 462.3-2013	旅游饭店服务质量评定 第3部分：前厅服务
9		DB53/T 462.4-2013	旅游饭店服务质量评定 第4部分：客房服务
10		DB53/T 462.5-2013	旅游饭店服务质量评定 第5部分：餐厅服务
11		DB53/T 462.6-2013	旅游饭店服务质量评定 第6部分：会议服务
12		DB53/T 462.7-2013	旅游饭店服务质量评定 第7部分：康乐服务
13		DB53/T 462.8-2013	旅游饭店服务质量评定 第8部分：接待投诉服务
14		DB53/T 462.9-2013	旅游饭店服务质量评定 第9部分：设施设备维护保养与清洁卫生
15		DB53/T 462.10-2013	旅游饭店服务质量评定 第10部分：安全服务

的标准作出继续有效、修订或者废止的结论。

国家标准化业务管理平台及全国旅游标准化技术委员会年报显示，旅游业国家标准及行业标准于2016年12月开展了最近一次的复审。地方旅游住宿标准的复审情况无从查询，从标准内容来看，部分地方住宿标准在同类国家及行业标准出台后，内容存在重复交叉与冲突，可能是由于未能按期开展复审，进行标准修订与更新引起的。标准内容的老化僵化导致标准难以适应当前旅游市场的发展形势和质量要求，不能体现行业先进性和对企业的引导作用，不利于维护消费者和经营者的合法利益。

此外，除了由政府主导推动的标准，如《旅游饭店星级的划分与评定》《绿色旅游饭店》《旅游民宿基本要求与评价》实施效果较好，大部分旅游住宿标准市场化程度不高。作为推荐性标准，旅游住宿企业达标积极性有限，通过对照标准实现自我改进的动力较弱，尤其在旅游行政部门忽视住宿标准的宣贯的情况下，大部分地方住宿标准未能有效推动实施，往往只能“束之高阁”。其根源有三点：一是具有旅游标准化职能的行政管理部门人、财力量不足，对旅游标准的重视程度不够，难以长期持续开展标准的宣贯工作和达标奖励活动；二是标准更新周期长，部分标准内容与市场脱节，难以使用；三是标准带来的品牌效益不足，旅游企业对标准认可度不高。

（三）标准地域特色不显著，尚未形成联动标准

根据数据分析，大部分地区出台了能够引导住宿企业形成区域品牌化的相关标准，对于发展地方特色旅游住宿，鼓励扶持中小型住宿企业，规避同质化发展有较好的作用。

但有一部分住宿标准将地域特点凸显在标准名称上，在住宿设施、人员着装、住宿服务、餐饮服务、休闲活动等标准内容上未能较好地归纳地域特点，尤其是在建筑外观和硬件设施方面更多地强调精致与实用，未能将地域文化、民俗特点和自然资源优势有效融合。

旅游市场的贸易、投资、开放程度逐步提高，区域旅游市场发展日趋成熟，不同区域的旅游主体冲破“自给自足”的经济格局，探索制定统一的发展战略，形成互补、协调、合作的态势。但在标准领域，大部分地方标准各自为政，导致了旅游住宿标准在不同行政区域存在明显差异，限制了区域旅游一体化的发展进程，阻碍共同市场的建立，难以实现旅游要素

表 4　区域特色旅游住宿标准

序号	省份	标准号	标准名称
1	北京	DB11/T 732-2015	“北京人家”服务标准与评定
2	山西	DB14/T 650-2012	晋中家庭旅馆服务质量要求
3		DB14/T 1821-2019	黄河人家 长城人家 太行人家基本要求与评价
4	内蒙古	DB15/T 1044-2016	牧家乐旅游经营服务规范
5		DB15/T 1444-2018	牧区旅游接待户星级评定
6	江西	DB36/T 834-2015	“三清人家”农家乐经营服务评定规范
7	山东	DB37/T 1671-2010	山东省好客人家农家乐等级划分评定
8		DB37/T 3741-2019	好客人家服务与评定标准
9	贵州	DB52/T 1458-2019	贵州省森林人家建设标准
10	广西	DB45/T 765-2011	阳朔民居旅馆 服务质量要求与等级划分
11		DB45/T 841-2012	三江侗族自治县农家旅馆服务质量要求与等级划分
12		DB45/T 1358-2016	桂林民居旅馆服务质量等级划分与评定
13	四川	DB5117/T 4-2019	巴人民宿服务质量等级划分与评定
14		DB5117/T 3-2019	巴人民宿服务规范
15		DB5117/T 2-2019	巴人民宿建设指南
16		DB5118/T 5.1-2019	雅安市“金熊猫”旅游服务质量等级划分与评定 第 1 部分：住宿服务场所
17	福建	DB35/T 1064-2010	屏南白水洋鸳鸯溪景区旅游服务 家庭旅馆
18	甘肃	DB62/T 1681-2007	旅游服务质量 甘南州农（牧）家乐等级标准
19	新疆	DB65/T 3819-2015	森林公园住宿经营规范

的互补和流通，不利于旅游经济的规模化发展。目前，京津冀、长三角等区域在区域旅游标准的探索上已经有较好的经验。2008 年实施的《旅游景区（点）道路交通指引标志设置规范》，由上海、江苏、浙江分别立项、发布，统一制定、统一内容、统一实施，由标准引导的跨区域质监、旅游、交通、公安等部门联动模式为联动旅游标准的探索提供了借鉴与参考。2019 年发布的《京津冀旅游直通车服务规范》基于北京、天津、河北

三地旅游信息的互联互通，整合旅游资源，加强协同旅游产品开发，同时配套《京津冀旅游标准化文件汇编》和京津冀三年旅游标准化合作计划。统筹联动地方旅游住宿标准，才能进一步增强标准的认知度、认可度、辐射力与影响力，有利于提升标准的实施效果。

五、旅游住宿标准发展重点

（一）紧跟时代步伐，落实顶层设计

近年来，为满足人民群众日益增长的美好生活需求，促进旅游住宿业服务品质提升，国家出台了多项政策保障旅游住宿业标准化建设，为旅游住宿业的科学、可持续发展提供了制度性保障。

2015 年，国务院办公厅印发《国家标准化体系建设发展规划（2016—2020 年）》（国办发〔2015〕89 号），2016 年国家旅游局印发《全国旅游标准化发展规划（2016—2020）》，指出制修订旅游住宿标准，提高旅游业服务水平。

2016 年，国家标准化管理委员会印发《生活性服务业标准化发展“十三五”规划》（国标委服务联〔2016〕99 号）要求建立健全旅游服务业标准体系，将涉及旅游住宿的系统标准要素、评价标准作为旅游服务业标准体系建设重点。

2016 年，国务院关于印发《“十三五”旅游业发展规划的通知》（国发〔2016〕70 号）提出应尽快建立旅游住宿业标准化管理信息系统。

2018 年，国家发展改革委、文化和旅游部等部门联合发布《促进乡村旅游发展提质升级行动方案（2018 年—2020 年）》（发改综合〔2018〕1465 号）提出要规范民宿、农家乐等乡村旅游服务标准。

2019 年，文化和旅游部发布《关于实施旅游服务质量提升计划的指导意见》（文旅市场发〔2019〕12 号），意见指明要加快修订星级饭店国

家标准，加强旅游住宿新业态标准的制定和推广，推动民宿行业标准全面实施。

（二）聚焦市场需求，完善标准体系

标准来源于市场，服务市场，要更加聚焦于市场的需求，有侧重点地出台标准能够引导部分旅游住宿企业在硬件设施、组织架构等方面迅速补齐“短板”。从住宿企业角度，标准不仅要从“产品导向”向“顾客导向”转型，满足游客旅游灵活性和多样性要求，更要从住宿企业可持续、品牌化发展的角度考虑，强化住宿服务质量，增强企业核心竞争力，形成差异化、特色化发展的态势。从市场监管角度，标准不仅要围绕旅游住宿业安全、卫生、消防等难点痛点问题，提出解决思路和方向，更要处理好标准、市场、技术三者之间的关系，既能引领市场和技术，提升产品和服务的价值，也要注意不能超前于技术、妨碍市场创新。

标准要实现层次分明、结构合理、覆盖全面、定位准确需要完善的标准体系作为支撑。需要意识到，多元化评价体系是时代发展的必然，标准的权威来自标准内容的生命力。单一化是工业化生产的思维，多元化才是多元化消费时代的特征，旅游住宿标准体系应随着市场经济结构的变化而不断改进，在构建标准体系的过程中，要尽量突破思维限制，实现旅游行业的技术标准与服务标准的科学互动，也要考虑当前的社会实际，对已有的旅游标准进行适当的修改和调整。应以星评标准为基础（主干），各种业态为补充（树枝），以满足不同需求为目的的标准化体系。在未来标准化建设中应构建以国家标准、行业标准、地方标准、团体标准为基本层次的标准化结构，形成以等级评价、要素规范、内涵要求为主要方式的标准化方式。

参考《旅游业标准体系表》，按照顾客需求、消费水平、产品特性将需纳入住宿标准体系的住宿产品归纳如表 5 所示。

表 5　旅游住宿标准体系——产品角度

旅游住宿	星级旅游饭店
	绿色酒店
	主题酒店（汽车旅馆）
	精品饭店
	经济型饭店
旅游住宿	商务会议酒店
	乡村民宿（农家乐、牧家乐、渔家乐）
	家庭旅馆（社会饭店、旅游客栈）
	租赁公寓（别墅）星级划分
	康养酒店
	智慧酒店

按照旅游住宿提供的专项服务，可将如图 3 住宿标准加入体系编制。

（三）强化标准的运行机制，提高标准使用程度

只有持续使用的标准，才是检验市场、体现价值的好标准，要进一步强化标准的运行机制，使标准由“大且泛”转变为“精与简”，吸引住宿企业参与旅游标准化，成为标准的使用者和天然的推动者。

在立项环节上，要加强标准的规划、设计与调研，注重将旅游科研与科技成果转化为旅游标准。在已有国家标准和行业标准的基础上，全面推广与实施国家标准和行业标准。在标准呈现空白的情况下，要注重标准与旅游业发展和住宿市场需求的协调，加强旅游标准立项的组织协调和审核把关，确保重要标准及时立项。

在标准的制定过程中，加大对基础性、通用性标准的制定力度，对评定类标准的编制要适当留白，增加标准的弹性。鼓励包含行业协会、住宿企业、学术研究机构在内的多元主体参与标准的制定，转变政府主导住宿

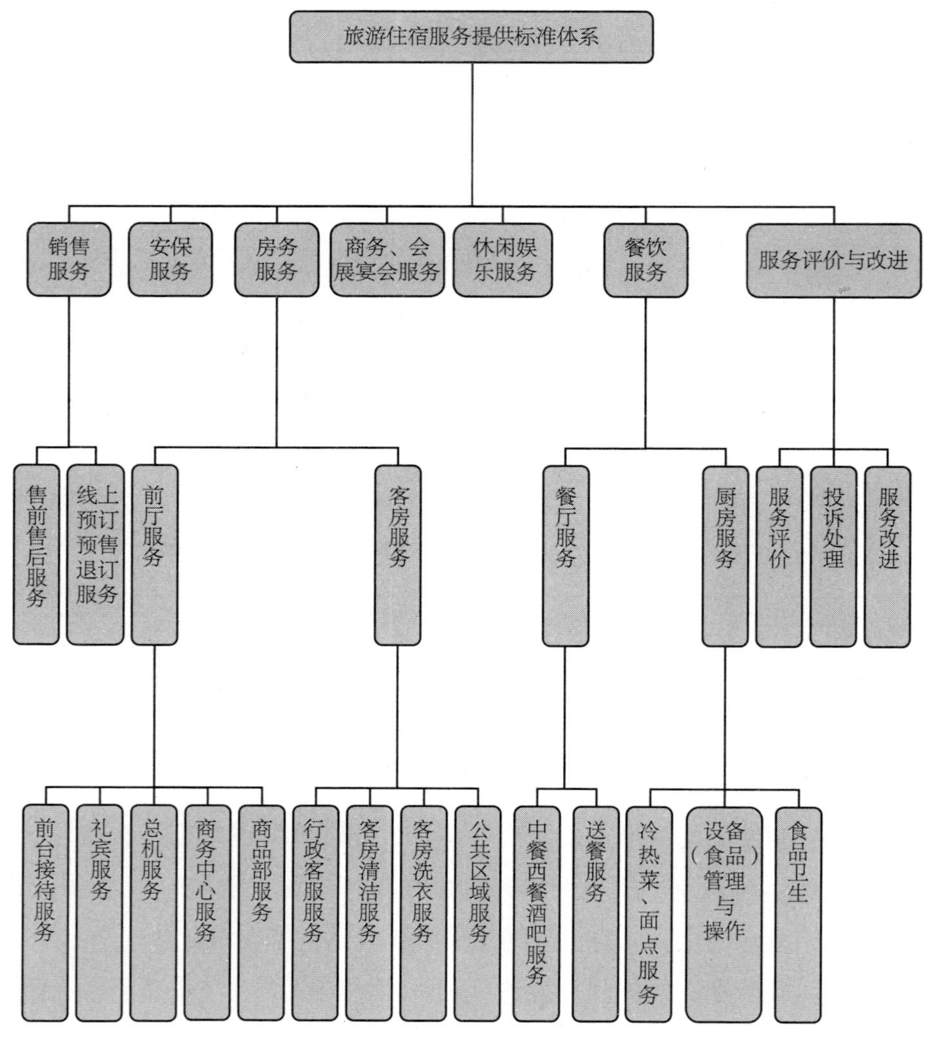

图 3　旅游住宿标准体系——服务提供角度

标准制定的现状，充分考虑企业实际情况和市场需求，有效转化住宿企业质量管理成果和经验，使标准既能促进行业良性发展，也可以保障企业和顾客的权益。提升标准编制的公开透明程度，扩大标准征求意见的范围，要充分考虑旅游行政管理、旅游企业、旅游学术专家、标准化等部门的意见，确保标准具有可操作性、技术内容先进合理、具有较强理论水平、符合标准化工作原则和方法。

标准出台后，要加强标准的复审，及时修改、修订，维护标准的科学性和权威性，对不符合旅游市场需求、旅游经济形势的标准进行清理和废止，保证标准的引领性和先进性。注重将已发布的国家标准、行业标准和地方标准进行整合，防止标准过多造成的信息混乱。此外，完善标准实施推进机制，加大标准的宣贯推广力度，采用多种途径发挥标准效力，对标准进行解释、宣传、认证、监督与评估，提升标准的使用程度和使用价值。

（四）突出地域旅游住宿特色，加强地方旅游住宿标准联动

旅游的发展在于特色的打造，“人无我有”的特色旅游产品可以使旅游企业获得最大的经济和社会收益。旅游住宿特色化发展是大趋势，也是维持市场竞争力的关键，要更加关注住宿个性需求与标准规范间的矛盾，标准要充分研究旅游住宿各要素发展现状及前景，实现标准内容的“地域化”和“本土化”，其关键在于特色指标的构建，比如将特色餐点、民俗节庆、自然资源等指标融入标准，与地方休闲、农业、康养等旅游产品的巧妙结合，对地域文化的挖掘和发扬，打造真正具有地域特色的住宿标准，实现旅游住宿区域化、品牌化发展。未来旅游住宿标准化工作的重点不仅在于打造品牌，更在于如何将品牌价值持续强化和扩大，提升企业、服务的品质、档次、效益。融合共享旅游住宿标准，能够打破区域间的政策限制和制度壁垒，强化地方旅游住宿标准的联动，借助标准手段对区域住宿质量和管理进行权威的统一、规范，形成区域旅游住宿规模化发展。对区域住宿企业开展统一的资格认证认可和统一监管，实现区域合作，扩大标准品牌的传播范围和影响范围，强化消费者对地方标准品牌的认可度，也利于跨区域的投诉与售后协调。

六、结语

40 年间旅游住宿标准持续为旅游市场质量的提升保驾护航，不仅成为旅游企业发展的指南针、奠基石，也起到将社会住宿纳入旅游管理范畴的作用。旅游住宿标准化工作的开展需要遵循“需求引领，系统布局；深化改革，创新驱动；协同推进，共同治理；包容开放，协调一致”的原则，需更加聚焦于高新技术、高质内容、高效实施，助力旅游市场转型升级，高质量发展。

以标准化手段推动文明旅游建设

（牟琳、崔子瀛，2021 年 12 月发表于《中国旅游报》）

文明旅游直接反映人们的道德素质和社会文明程度，事关公民切身利益，事关国家和民族形象。习近平总书记对文明旅游工作高度重视，多次作出重要指示批示，提出明确要求。党的十八大以来，在中央文明办的指导下，文化和旅游行业深入贯彻落实习近平总书记重要指示批示精神，坚持不懈抓好文明旅游宣传教育，下大力整治旅游领域不文明问题，推动公民旅游文明素质不断提升。

当前，中国特色社会主义进入新时代，对文明旅游工作提出新的更高要求。我们要落实中共中央、国务院《新时代公民道德建设实施纲要》和中央文明办《关于进一步加强文明旅游工作的意见》等文件要求，进一步提升公民旅游文明素养和全社会文明程度，通过标准化手段推动文明旅游示范评定工作，以点带面、示范引领，实现文明旅游工作在全国遍地开花，促进文明旅游工作向纵深发展。

一、标准化与文明旅游示范评定

中共中央、国务院印发的《国家标准化发展纲要》提出，标准是经济活动和社会发展的技术支撑，是国家基础性制度的重要方面。标准化在推进国家治理体系和治理能力现代化中发挥着基础性、引领性作用。新时代推动高质量发展、全面建设社会主义现代化国家，迫切需要进一步加强标准化工作。通过标准化工作的开展，能加速实现文明旅游工作拓展覆盖面、提升影响力、深化贯彻落实的效果。

文明旅游工作覆盖食住行游购娱等多个环节，涉及旅游企业、旅游者、管理部门等多种主体，任务较为繁重，难以寻找有效的切入点。而《文明旅游示范单位要求与评价》和《文明旅游示范区要求与评价》两项行业标准，为文明旅游工作提供了有力抓手。标准文本对示范单位（区）制度建设、卫生环境、服务质量、宣传引导、实践活动等方面的具体要求，向旅游市场主体释放了定性定量、可以对照的高质量信号。根据标准，旅游企业能够对标对表，有的放矢地提升旅游产品和服务；旅游管理部门监管执法有据可循，明确旅游不文明行为管理重点和范围；旅游者在示范单位（区）文明旅游氛围影响下，自觉提升自身素质，在旅游活动中做文明游客。利用标准化手段，文明旅游工作开展得到较大推进，社会覆盖面进一步拓展，社会影响力进一步提升，成功在旅游饭店、景区、旅行社等重点业态营造文明旅游氛围。

开展文明旅游示范评定工作，是贯彻落实《新时代公民道德建设实施纲要》、弘扬和践行社会主义核心价值观的重要举措，有利于加强行业精神文明建设、树立行业主流价值标杆，不断提高文明旅游工作水平；有利于促进旅游经营单位精细管理、规范运营、提升服务，更好满足人民群众对旅游服务及旅游体验的新期待新需求；有利于引导更多社会大众和企事业单位积极参与文明旅游活动，推动公民道德素质和社会文明程度进一步提升。开展文明旅游示范评定工作本身就是在运用标准化手段推动文明旅游建设，是标准化过程中的重要一环，也是推动文明旅游建设的一个重要抓手。

目前，文明旅游工作已积累了良好的政策基础和实践经验。一是旅游法及相关文件明确了文明旅游工作的开展思路。《中华人民共和国旅游法》《关于进一步加强文明旅游工作的意见》《关于进一步加强旅游行业文明旅游工作的指导意见》《国家旅游局关于旅游不文明行为记录管理暂行办法》等系列法律法规的实施，为文明旅游工作提供了良好保障。二是系列文明旅游活动已形成品牌效益。原国家旅游局自 2014 年起，发布“文明旅游十大提醒语”，主办以“中国公民文明旅游公约大家定”为主题的有奖征集活动，制作并推出十大文明旅游公益宣传片。2016 年，在全国选出 100 家文明旅游先进单位，组织全国 6000 家旅行社自愿签订《旅行社诚信经营承诺书》。2017 年，启动“文明旅游为中国加分——每个人都是一道亮丽风景线”公益宣传活动。

文明旅游工作的前期基础为标准化工具的顺利应用提供了前提和保障，旅游标准化的运用推动文明旅游的区域探索不断深化。2019 年，文化和旅游部市场管理司与文化和旅游部旅游质量监督管理所（全国旅游标准化技术委员会）赴安徽、福建、内蒙古等 3 个省区实地调研，调研结果再次印证了以标准化手段推动文明旅游工作建设的可行性和优势。

一是利于规范市场，形成部门联动。通过推进文明旅游标准和评定体系建设，有利于深化“文明旅游 +”，拓展文明旅游宣传广度。推动各省将文明旅游标准考评纳入文明城市创建体系和各地政府旅游发展的考核内容，从而起到规范旅游市场秩序，提升旅游服务质量的作用。

二是利于推进全域旅游，强化宣传效果。文明旅游标准对标达标强调系统性、全面性、整体性和长期性。评定工作需要各单位、多部门、全部人员齐力开展，有利于迅速、深度提升文明旅游工作水平，促进全域旅游建设。示范标杆的树立利于集中开展文明旅游宣传，提高宣传的精准度和影响力。

三是聚焦标准引领，完善旅游市场治理体系。《文明旅游示范单位要求与评价》《文明旅游示范区要求与评价》等标准陆续出台，拓展了旅游市场的治理维度，丰富了旅游市场的治理手段和形式，进一步加强了文明旅游工作的技术支撑。

二、通过对标实现文明旅游示范评定新突破

2021年9—10月，全国旅游标准化技术委员会受文化和旅游部市场管理司委托组织开展第一批国家级文明旅游示范单位评定工作。经材料初审、实地评定、专家终评等环节，从59家申报单位评选出47家符合要求、具有示范效应的文明旅游示范单位。通过实地评定环节的走访考察，笔者发现申报单位的对标工作各有亮点，在完善组织建设、创新工作方式、丰富工作内涵等方面形成优秀经验，为后续拟参评的单位提供了有效借鉴。

（一）文明旅游成为旅游企业组织建设新重点

在第一批国家级文明旅游示范单位评定工作中，大量旅游市场主体积极贯彻《文明旅游示范单位要求与评价》行业标准，在对标过程中创新旅游企业经营思路，优化旅游产品及服务供给水平，落实单位社会责任。

一是将文明旅游工作与企业标准化工作相结合常态化。部分单位建立了覆盖全业务流程和全岗位的文明旅游工作标准，制订了文明旅游工作专项方案，强化文明旅游考核导向，编制了文明旅游岗位指导手册、文明旅游工作手册。将文明旅游工作纳入单位考核，覆盖生产过程、运营过程、管理过程、销售过程，常态化开展文明旅游工作，实现了单位经济效益和社会效益的双丰收。

二是提升单位文明旅游工作高度，落实企业社会责任。申报单位注重探索新发展理念，形成文明、安全、合作并重的发展模式。首先将文明旅游的引领示范作用作为自身责任担当；其次将安全作为核心工作，树立“一切为了游客，为了游客的一切”的服务宗旨；最后通过与其他旅游企业合作，实现优势互补和资源共享，促使参评单位成为面向游客和周边地区辐射正能量的源头和提升产业价值链的节点。

三是建立文明旅游工作专项领导小组。部分单位构建了以党组织为核

心的多元共治体系、网格化管理的模式，联动企业内部、外部力量，形成“一股绳”、合成“一张网”，从而同步同向开展文明旅游工作。

四是提供文明旅游资金保障。部分企业设立专项资金，用以开展教育培训、志愿服务、服务质量保障、媒体宣传、文明旅游、工作绩效奖励等，为文明旅游工作的顺利开展打下坚实基础。

五是完善文明旅游队伍建设。部分单位设立文明旅游工作专职队伍，包括文明督导员、安全引导员、文明旅游监督员、文明旅游小卫士、文明旅游志愿者等。队伍由企业员工、游客、志愿者等人员组成，职能明确。该举措将文明旅游工作实质性融入旅游业务过程中，既调动了员工的积极性，又提升了游客的满意度。

六是积极开展文明旅游相关培训。部分单位编制了服务工作规范和行为规范，创新“1+9+N”模式（即 1 个贯标培训方案、9 类实施主体、N 个专项培训计划），实现旅游各类主体培训全覆盖，让文明规范服务成为一种习惯。

（二）文明旅游工作形式创意不断

旅游市场主体通过氛围营造、开展志愿服务活动、传播文明旅游正能量等方式宣传社会主义核心价值观，推动全域文明共建，助力属地文明提升。这些创新之举较大幅度提升了文明旅游工作的辐射能力，丰富了文明旅游工作的时代内涵。

一是赓续红色血脉基因。广西青秀山、天津大沽炮台依托红色旅游资源，开展庆祝建党一百周年相关活动、爱国主义教育活动。宁夏沙湖景区发挥其作为农垦企业的特点，建立农垦博物馆，弘扬“特别能吃苦，特别能战斗，特别能奉献”的沙湖精神。

二是挖掘优秀传统文化。陕西黄帝陵通过祭祖活动，传播优秀传统文化，增强爱我中华的民族文化共识。浙江天一阁·月湖景区、福建三坊七巷打造中秋诗词晚会、特色民俗表演等文旅活动，多方面展示传统文化内涵，坚持旅游为形、文化为魂。

三是倡导生态文明理念。河北衡水湖因地制宜开发了系列自然体验研学项目，成立了自然体验教育中心，建设了室外研学观鸟平台、研学亲水平台、水上教室等多个室外研学活动场所。云南玉龙雪山实施“绿洲效应”“冷湖效应”“绿色交通”“森林消防”四大环保工程。树立生态文明理念，提升游客的文明旅游、生态环保意识。

四是传播现代文明风尚。江苏南京金陵饭店实施绿色楼层、绿色包间、环保积分奖励等环保举措，与宾客共同致力于生态环境改善、自然资源保护、能源和原材料节约。西藏鲁朗景区在鲁朗小镇进行文明旅游宣传、旅游垃圾回收、“美丽公约”蓝丝带传递等活动，把握“文明”本质，密切结合“旅游”，扩展文明旅游工作外延，用实际行动践行“绿水青山就是金山银山”理念。

三、通过标准化手段开展文明旅游示范评定工作任重道远

在推动文明旅游示范单位评定工作的过程中，尚存在申报单位对标准理解深度不够、创建范围与领域亟待扩大、以文明创建带动旅游发展的作用有待强化等问题。下一步，要持续发挥标准作用，长久稳定开展文明旅游示范单位评定工作。

一是坚持广泛发动。文明旅游工作涉及对象广、环节多，需要全面推进。为此，除旅行社、景区景点、旅游星级饭店、旅游度假区外，还宜将为旅游者提供交通、住宿、餐饮、购物、娱乐等相关服务的单位纳入文明旅游示范单位评定范围，以便最大化调动各类旅游相关企事业单位参与的积极性，推动文明旅游工作整体提升。

二是坚持落实落细。文明旅游工作与地区整体精神文明建设和社会治理息息相关，贯穿食住行游购娱等旅游活动各个环节。为此，文明旅游示范单位（区）的评定需要注重组织管理、资源保护、旅游环境等“面”的

考核，更应突出文明提示、文明引导、文明实践等“点”的落地，推动参评单位和地区把工作做实做细。

三是坚持鼓励创新。文明旅游既要靠宣传引导、道德教化，又要靠制度管理、法治治理。文明旅游示范单位（区）的评定细则兼顾了对这两方面内容的考核。同时，通过评分项目和具体分值的设定，引导各地区各单位创新文明宣传的方式方法，鼓励首创精神和鲜活实践，以适应新时代旅游业发展需要，适应公民道德建设要求。

四是坚持逐步推进。根据第二批创建要求，今后国家级文明旅游示范单位原则上要从省级文明旅游示范单位中遴选产生，引导省级文明旅游示范单位对标国家级文明旅游示范单位要求，使“示范”更具先进性、参与性。

五是坚持动态管理。实行示范单位（区）有进有出的动态管理机制，对不符合标准要求的单位适时复核和动态退出，确保示范的权威性和先进性。

我国旅游标准国际化问题及突破路径

（牟琳，2022 年 11 月发表于《标准科学》）

一、引言

在我国旅游业飞速发展的 40 年间，传统业态持续优化，新业态不断涌现，旅游新产品越发多元化，旅游新服务越发人性化。移动互联网、大数据和人工智能等新技术的广泛利用推动了中国在线旅游[①]和云旅游[②]的发展，当前中国在在线旅游领域的探索已远超他国，国际旅游领域有着借鉴中国相关先进成果和服务经验的强烈需求。此外，在疫情常态化发展和行业高质量发展的双重背景下，定制旅游、度假旅游、自驾游等旅游消费形式愈加成熟，跨境旅游的安全性成为连接各国旅游市场的关键环节，旅游者所关注的新问题也需要通过国际标准进一步明确和规范。基于中国旅游者对全球旅游业的贡献和影响力，境外旅游目的地在放开跨境旅游管控后，更加关注满足中国游客需求，中国旅游有必要通过国际标准向世界传达中国旅游者的旅游需求。在我国高度重视标准对外开放的大环境下，众多标准国际化政策文件为旅游标准国际化工作提供了有利的制度环境和政

① 本文中在线旅游指旅游者通过网络向旅游服务提供商预定旅游产品或服务，并通过网上支付或者线下付费，即各旅游主体可以通过网络进行产品营销或产品销售的方式。

② 本文中云旅游指通过“云计算”技术，实现旅游进行“线上 + 线下”融合，将旅游全过程资源、服务进行整合，利用互动运营平台等智慧旅游工具为互联网用户提供随时随地旅游资讯的一种旅游数字化发展形式。

策依据，我国旅游标准国际化工作应抓住当前的机遇期，顺应剧烈变化的时代、政策环境和国际关系，加快旅游标准国际化进程，以便在国际规则制定中取得更大的竞争优势。

二、旅游标准国际化现状

（一）对口机构情况

我国旅游标准国际化工作与全球最具影响力的国际标准化组织 International Organization for Standardization（以下简称 ISO）进行对口联络。ISO 于 2005 年成立“旅游及其相关服务”标准化技术委员会 Tourism and related services（以下简称 ISO/TC 228），共设有两个秘书处，分别在西班牙标准化和认证协会（Spanish Standardization and Certification Association，AENOR），以及突尼斯国家标准化和工业产权研究所（National Institute for Standardization and Industrial Property，INNORPI）。截至 2022 年 8 月，ISO/TC 228 共有参与成员国（P 成员）64 个，观察成员国（O 成员）40 个，下设 15 个工作组（WG），共发布国际标准 44 项，在研国际标准 14 项[①]。

从 ISO/TC 228 现有工作组的业务内容来看，国际旅游的口径较大，除传统的观光游览、住宿业、旅游设施设备以外，还包含了涉旅的相关产业内容，如展览会议、潜水服务、探险等领域。从 ISO/TC 228 已发布和在研的标准来看，国际旅游标准的规范目的十分明确，主要为了统一术语、保障旅游者安全和卫生、规范信息发布等；规范对象较为具体，主要为供应商、教练员、导游和领队等；标准系统性更强，大部分已发布和在研的标准为系列标准；标准市场化程度高，大量标准由下而上研制，自欧

① 数据来源于 ISO 官网 https://www.iso.org/committee/375396.html。

洲行业协会成果和欧美旅游者需求转化而来。基于以上特点，可以发现国际旅游标准的研制布局更为系统，应明确而具体，具有较强的操作性和较高的市场适用度。

（二）我国旅游标准国际化情况

我国旅游标准化工作的开展略晚于旅游业的发展，从1995年至今，旅游标准化工作从引进、消化、吸收的跟随式道路走向创新、引领的发展式道路，积累了大量成功经验和实践成果。基于国内旅游标准的良好实践和前期铺垫，我国积极探索在国际旅游标准化领域有所作为。2020年3月，我国在ISO/TC 228由观察成员国（O成员）转为参与成员国（P成员），参与国际标准编制、审查、投票及国际标准会议等工作。截至2022年9月8日，中国已经累计牵头召集在线旅游、旅游咨询及接待服务、展览会议3个国际旅游标准工作组（WG），正式立项《旅游与相关服务　在线旅游机构（OTA）在线住宿预订平台服务指南》等国际旅游标准立项项目（NP）4项，牵头《可持续旅游　旅游目的地实施可持续旅游基本原则的良好实践》等国际标准预工作项目（PWI）5项，参与国际标准投票和意见回复百余项。在ISO/TC 228中，中国牵头的工作组仅次于西班牙，名列全球第二。

基于以上情况可以看出，中国旅游标准国际化工作厚积薄发，经过多年积淀，在2年间飞跃式发展，实现了中国首次牵头国际旅游标准、首次牵头组建国际旅游标准工作组、首次与外方联合牵头国际旅游标准等多项突破。2021年，中国以在线旅游标准顺利打开标准国际化局面，此后通过牵头修订国际旅游标准稳步推进标准国际化工作，成立对应的标准工作组，基本确立了中国在国际旅游标准领域的地位。从2022年起，中国倾向于提出PWI预研项目，且项目分散于ISO/TC 228内多个工作组，说明中方在取得亮眼的旅游标准国际化成绩后逐步放缓了步调，也显示了中国未来旅游标准国际化的布局以参与工作组工作和开展国家间标准合作共赢为目标。

三、旅游标准国际化工作现有困境

我国旅游标准国际化工作尽管有强势的开局和高速的发展，但仍然要正视我国旅游标准国际化工作滞后于欧美国家的现状，除了存在国情差异、发展阶段不同、人文价值认同有异等原因，还存在着部分限制旅游标准国际化发展的根源性问题。

（一）政策制度覆盖不全面

当前，我国的旅游标准化发展仍然聚焦国内标准工作，国内旅游标准化工作和国际旅游标准化工作的政策保障和资金支持尚不均衡。在政策方面，我国工业、制造业纷纷出台涉及标准国际化的专项政策文件，如《关于工业通信业标准化工作服务于“一带一路”建设的实施意见》《装备制造业标准化和质量提升规划》等，而作为对外交流窗口和桥梁的旅游业尚无支持标准国际化的专项文件。在资金方面，旅游业国家、行业、地方标准的编制有专项稳定的财政资金保障，而国际旅游标准仅依靠地方政府阶段性的政策文件给予奖补，奖补无法有效落实的情况时有发生，导致国际旅游标准的编制增加了很多不确定性。截至 2020 年底，根据国家标准化管理委员会数据，中国每年牵头立项 ISO 国际标准约 100 项①，中国每年立项国家标准约 2500 项②，这意味着立项 ISO 国际标准的难度是立项中国国家标准难度的 25 倍。鉴于以上原因，需要更加重视旅游标准国际化工作，给予更多的政策保障和资金支持，以激励国内各方参与并推动旅游标准国际化工作。

① 数据根据国家标准化管理委员会公布的 2018—2021 年中国牵头国际标准项目清单测算。

② 数据根据国家标准化管理委员会 2018—2021 年标准公告测算。

（二）内向提升不足

ISO 国际标准的提报以国内标准作为依托，截至 2020 年 12 月中国标准存量 240632 项[①]，中国主导制定国际标准 904 项（含 ISO、IEC），平均每 266 个中国标准才能转化为 1 个国际标准，转化率为 0.3757%。这意味着牵头或参与旅游标准国际化工作都需要国内旅游标准自身质量过硬，我国大量的旅游标准是在旅游业发展初期编制的，标准技术水平滞后于市场的发展。此外，我国的旅游标准作为旅游行业管理的工具，用以规范旅游企业的经营和服务，很多标准从设计之初就定位为评定评价类标准，这类标准不符合国际旅游标准强调的给予指南指引、企业自愿使用的编制要求，导致了我国旅游标准无法有效、良好地转化为国际标准。除了需要进一步提升国内旅游标准质量，合理设计旅游标准指标和体系以外，还需要加强国际国内旅游标准及标准化管理体制的比对研究，吸收借鉴其他国家和地区的旅游标准化发展经验。对旅游市场情况、行业发展情况、客群素质等方面进行分析，寻找合适的国际旅游标准切入口，选择恰当的旅游标准立题，提报符合国际旅游市场需要的标准，提升我国牵头旅游标准的国际认可度。

（三）国内国际标准协同发展情况不佳

全国旅标委现有归口标准 118 项[②]，标准集中于归属文化和旅游部管理的旅行社、导游、A 级旅游景区、星级旅游饭店、等级旅游民宿等对象。与之相对，ISO/TC 228 归口的旅游标准范围较大，基本所有涉旅的相关活动都属于国际旅游标准的编制范围，如餐饮、社会住宿、全类型景区、

① 数据来源于全国标准信息公共服务平台。

② 数据来源于全国标准信息公共服务平台机构检索 - 全国标准信息公共服务平台。https://std.samr.gov.cn/search/orgDetailView?data_id=9FED26A603FE2320E05397BE0A0A0353 和行业标准信息服务平台 https://hbba.sacinfo.org.cn/stdList?key=&trade=%E6%97%85%E6%B8%B8。

涉旅探险活动、涉旅体育活动、会展活动等。由此可以看出国际和国内的旅游标准范围口径不一致，使得我国在对口 ISO/TC 228 标准工作时，呈现以小对大、以窄对宽、以紧对松的态势，口径的不同直接导致了旅游标准适用主体、对象、范围均有一定差异。此外，我国标准体系和国际上也有较大差异。我国实行强制性标准与推荐性标准相结合的标准体系，强制性标准必须执行，推荐性标准鼓励采用；ISO 则推行技术法规和自愿性标准结合管理的体制，自愿性标准通过被技术法规援引而具有强制性，ISO 标准与法律融合的机制已形成，而中国刚刚开启该领域的探索。国内和国际标准的体制差异使得标准间的技术内容和技术要求各有侧重，在规范管理的幅度和频次上也不一致。综合以上因素，从现阶段看，国内国际旅游标准难以协同编制、开展互认。

（四）复合型人才匮乏

旅游标准国际化工作具有一定的复杂性和挑战性，国际标准的研制周期一般在 3—5 年，跨时差的国际标准研讨会议以及跨地域的国际标准交流对国际标准专家提出了较高的要求。当前中国在 ISO/TC 228 内共注册专家 22 位，与西班牙等国专家数量还有一定差距。随着我国国际旅游标准提案数量的增加，旅游标准国际化人员数量略显不足，部分已注册专家受时间、精力和研究领域限制导致参与度不高，部分专家对国际标准制定流程和规则了解有限，在与外国专家开展国际交流和谈判中略显弱势，使得国际旅游标准的提报难以取得预期的效果。培养和吸收既了解旅游行业工作、精通外语，又掌握国际标准化知识和规则的复合型人才是当务之急，出于长期持续开展旅游标准国际化工作的考虑，保有一定数量的国际旅游标准后备专家也是必需的。需要加强重视的是我国专家在 ISO/TC 228 担任高层职位或召集人的数量极少，这导致了国际旅游标准提案立项和国际旅游标准化工作的开展中话语权不足，在国际旅游标准提报中常常出现受制于他国的情况。

四、突破路径

旅游业不像工业、农业、制造业等行业容易产生技术壁垒和专利纠纷，在标准国际化方面，“软性”和“开放”的旅游业国际标准容易被各成员国认可和接受，标准的争夺的情况较少，基于旅游标准国际化具有天然的优势，把握好当前发展机遇期，实现稳步、扎实发展，以期在未来旅游标准国际化活动中占据主动，既要做好宏观布局和长期发展的顶层设计，也要有重点地实现短期的发展目标。

（一）明确定位、加大支持

“谁制定标准谁就拥有市场”，应从国家战略高度重视旅游标准国际化工作，认识到旅游业是各国疫后开放的重要窗口，是参与国际旅游市场竞争的助力，旅游业宜对标工业、制造业等行业制定明确的以竞争和突破为目标的标准化发展战略和标准国际化发展年度计划，提供相应制度保障和政策支持，针对发展战略和有关政策制度开展定期评估和动态维护，提升顶层设计的市场适用性和灵活性，实现我国国际旅游标准化工作从被动参与向主动引领的战略转变。另外，应进一步加大人、财、物的支持力度，具体可以借鉴国外较为成功的案例，如德国将 80% 的资金和人员力量集中于国际标准化工作，充足的保障推动德国在国际标准化组织 ISO、国际电工委员会IEC中成功成立了150多个技术委员会[①]；日本政府对本国牵头的每项国际标准拨付200万至300万元人民币的财政补贴用以进行标准研制，基于此情况，大量日本标准（JIS）成功转化为国际标准，日本也趁势提出由 2018 年日本牵头国际标准 448 项增加为 2025 年 800 项的跨越式目标。旅游标准国际化工作可参考他国在国际标准资金和资源方面的做法，确保

① 数据来源于杨丽洲．借鉴德国经验推进浙江制造标准国际化路径研究［J］．中国市场，2020（34）：49-50+55.DOI：10.13939/j.cnki.zgsc.2020.34.049.

国际旅游标准的编制无后顾之忧。

（二）提升内在、协同编制

标准是智慧经验的结晶，是先进管理方法的高度总结，在旅游标准的编制中，需要紧扣市场需求。在国内旅游标准的自我提升方面，进一步突出旅游标准的技术性和指引性，弱化评定评级等行政元素，转变政府自上而下对旅游标准具体内容的主导，开展自下而上企业经验的转化和吸收，提炼头部旅游企业成功的经营模式和管理理念，优化旅游服务和产品质量要求，形成稳定、可复制、领先于产业发展平均水平的标准成果，达到以标准促进旅游质量提升，以质量带动旅游标准进步的共生效应。在国内旅游标准向国际标准转化和标准协同方面，需要关注旅游标准化理论前沿，加强旅游标准立题和内容的前瞻性，开展全球市场与业态创新的分析，监测国外的标准化动态，研究国外相关利益方背景与观点倾向，切题地提出符合 ISO/TC 228 成员国需求的标准，提高国际旅游标准提报立项率。

（三）调整口径，加强融合

旅游标准是联通产业链的渠道，《国家标准化发展纲要》提出全域标准化深度发展的要求，结合旅游业的综合性和辐射性，旅游标准的范围应进一步突破现有局限，探索旅游标准化工作的跨界融合和部门联动，依照旅游产业链的结构和旅游者的需求构建标准群，与国际旅游标准化的大口径相互对应，推进中国旅游标准与国际旅游标准体系兼容。此外，旅游标准长期发挥在旅游法律规章方面的补充作用、在旅游市场经营中的规范作用、在旅游产品和旅游服务质量上的提升作用、在行业管理方面的抓手作用，已形成与法规、政策配套的雏形，在《中华人民共和国旅游法》出台 10 年或将修订的时机，应探索建立法规引用标准制度，推进旅游标准与法律融合发展，促进政策、规则、标准联通，形成与 ISO 国际标准相衔接的标准体制。

（四）培养人才、建立合作

国际旅游标准的编制是长期性工作，相对稳定的起草团队能够持续关注 ISO/TC 228 工作进展、国际旅游标准空白领域、成员国参与情况，及时了解国际旅游领域最新动向和技术信息，更为重要的是固定的专家团队能够与“知华友华”的国际旅游标准专家建立长期、定向联系，为获得“知华友华”国家支持提供便利。参与国际标准化活动不仅仅是技术工作，也是人与人、组织与组织、国家与国家之间的沟通工作，良好的沟通技巧、谈判能力、外交能力必不可少，还需有计划地长期储备掌握国际标准规则、旅游专业知识、外语能力的复合型人才，持续优化专家的年龄结构，为其提供旅游标准国际化的实践研究和国际标准化学术交流机会，推动国际旅游标准人才的可持续供给。

五、结语

在经济一体化背景下，标准成为全球治理的新工具和新方式，以其政府色彩较弱，更容易达成共识的特性持续发挥引领技术、管理、经济贸易等领域理念发展、推动国际交流共治的作用。我国作为全球重要的旅游目的地和世界第一大旅游资源市场，面对大国博弈、激烈竞争的新态势，需要更加重视旅游标准国际化工作，将我国良好的旅游产业发展经验和旅游标准化基础凝练转化为国际标准，以旅游标准国际化的发展带动全域发展，提高我国国际竞争力、影响力，提升我国国际规则制定的话语权。

标准化助推旅游数字化规范发展

（牟琳、崔子瀛，2021 年 12 月发表于《中国旅游报》）

旅游是人民日益增长的美好生活需要的重要组成部分，也是推动经济社会优化转型的重要手段。在全球新一轮科技革命和产业变革不断推进的背景下，以互联网为代表的现代信息技术持续更新迭代，产业数字化、网络化、智能化步伐不断加快，为旅游转型升级提供了有力支撑，5G、人工智能、云计算、大数据等数字技术在旅游产业得到广泛应用，涌现出大量旅游新业态和新模式。在新冠疫情暴发期间，线上旅游消费更是成为新热点、新趋势，云演艺、云看展、旅游直播等新业态用户陡增，各大在线旅游平台纷纷推出“数字旅游”项目，众多 5A 级旅游景区开辟线上游览功能，给人们带来了虚拟的文化和旅游新体验。数字化为旅游产业转型升级和高质量发展创造了新的机遇。

一是数字化拓展了旅游公共服务的深度和广度，提升了游客出行便利度。通过数字化的公共服务能够辅助旅游决策，游客可以自主且快速完成“获取旅游资讯—设计旅游行程—旅游目的地信息查询—网络预订（虚拟旅游）—旅游经历分享”全过程。

二是数字化增强了旅游治理的能力，提升了疏导和监管精准度。依托于旅游热度、旅游投诉、游客满意度、旅游企业经营情况、舆情变化等大数据分析，可以提升文化和旅游主管部门执法监管的针对性、有效性和前瞻性，更好地辅助市场调节、行业指导和政府决策。

三是数字化优化了旅游供需对接，提升了旅游产品和旅游营销个性化程度。对客源地、行为模式、消费偏好等信息进行合法的采集和运用，可以更好地识别重点客源市场，鉴别潜在旅游消费群体，精准投放广告和产品宣传，推荐并提供特色化、差异化的资讯、产品和服务。

与此同时，我们也应该认识到，目前我国的旅游数字化发展创新性有余而规范性不足。虽然应用场景越来越丰富，但在很多方面还缺乏统一的标准，“大数据杀熟”“OTA 不合理低价”等仍是困扰旅游市场的痛点和难点。因此，需要通过法律规范的完善加强底线监管，同时也要运用标准化等“软法”手段引导市场主体规范发展。

旅游业是我国最早引入标准化管理方法的行业之一，多年的实践证明，标准化是旅游业发展的重要技术支撑，是提高旅游产品与服务质量的关键环节，是推动旅游创新和转型升级的重要力量，对提高游客满意度、提升旅游发展质效具有重要作用。因此，亟需构建旅游数字化发展的标准体系，形成科学、统一、开放的旅游数字化应用标准框架，规范旅游数字化发展的各个环节与进程，促进旅游数字化向规模化与规范化方向发展。

一是要不断加强旅游数字化新业态发展的标准供给。根据《“十四五”文化和旅游发展规划》及相关文件中提出的“加强智慧旅游相关标准建设”的要求，规范智慧旅游的发展已成为旅游标准化工作的重要任务。目前发布的 2020 版旅游标准体系表中，旅游信息化和电子商务方面共包含《旅游景区数字化应用规范》《旅游电子商务企业基本信息规范》等 9 项国家标准和行业标准，在标准数量、质量等方面仍有不小的完善空间。一方面，随着数字技术的快速更新迭代，已发布实施的部分标准在技术条件上已相对落后，需要通过复审等方式尽快完成修订，以适应新技术的发展；另一方面，旅游数字化新业态仍在不断涌现，在相关法律法规和政策文件暂时缺位的情况下，也需要标准供给来填补空白，在具备一定发展基础、形成一定规模和可复制可推广经验的基础上，加快推进制定旅游数字化相关标准。

二是要不断加强规范旅游数字化发展的标准管理。把握数字社会、数字政府建设机遇，建立和完善旅游标准化信息公共服务平台，提升旅游标准化工作的信息采集效率，优化旅游标准化数据库及其管理系统。积极应用大数据和信息技术，提升旅游数字化业务协同和信息共享水平，实时共享国内外旅游数字化标准最新动态信息，为各级文化旅游主管部门、旅游企业和消费者提供旅游数字化标准的政策、信息、管理、技术咨询和服务，提升相关标准化公共服务能力、工作效率与管理水平。

三是要不断加强旅游数字化应用安全的标准保障。当前，旅游数字化应用爆发式增长，随之而来的安全漏洞问题也备受诟病。因此，文化和旅游主管部门要从整体上制定旅游数字化的安全管理制度，确定主体责任。可以通过标准化手段的运用，建立科学、合理的标准化评价考核机制，从源头上解决旅游数字化发展的安全与质量问题，保障旅游数字化过程中数据收集、传输、存储、共享、使用、销毁等全生命周期安全，进一步提升旅游行业现代化转型的综合治理能力。

改革创新是新时代最根本的特征，旅游数字化借由社会创新力量已实现蓬勃生长，未来发展趋势开放而多元。在如此多方利益主体协同发展的情形下，通过标准化的手段整合旅游市场主体的力量、守住发展的法律底线，旅游数字化必将得到快速、健康发展，进而助推旅游产业整体的高质量发展，满足人民群众对美好生活的向往。

以旅游标准化工作助推友好型旅游城市建设

（刘建明，2024 年 3 月发表于《中国旅游报》）

业界学界、官媒自媒都对“尔滨现象”的成因进行了多角度多方面的分析和总结。许多人认为，多种因素促成了旅游目的地和旅游者的双向奔赴，才成就了今冬的“尔滨现象”。其中，有冰天雪地的稀缺资源，有文旅系统的精心策划，有各个部门的暖心服务，有全体市民的热情参与。

“尔滨现象”告诉我们，建设友好型旅游目的地城市就是要以游客的需求为着眼点，贴心地为游客着想。当下，沉浸式、体验式和网红追星式旅游受到追捧，正在成为年轻人旅游活动的主流。“小金豆儿”们不但要体验冰雪带来的快乐，还要感受城市的早市，顺便逛逛当地的菜市场，甚至专门体验一下东北搓澡，品尝一下网红的马迭尔、传说中的红肠和格瓦斯等美食。可以说，对旅游目的地城市全方位的体验式旅游是“尔滨现象”的本质特征。

建设友好型旅游城市就是要打造以游客为本的旅游目的地，需要建设完善的旅游公共服务设施和服务体系。从“尔滨现象”可以看出，在建设友好型旅游城市的过程中，旅游标准化工作能发挥突出的作用，极大地助推旅游城市公共服务水平提升。

游客从五湖四海来到一个陌生的城市，需要快速解决交通、餐饮、住宿、购物、游玩等一系列问题，短时间内高度集中的客流给城市公共服务带来巨大的挑战。发挥旅游标准化效能，能够最大程度提升城市公共服务水平和服务能力。一方面，通过设置完善、规范的标识标牌以及导览图示设施，可以帮助游客快速、及时获得准确的旅游信息，让游客快速抵达目的地。另一方面，通过制定城市旅游街区的服务标准，增设休憩长椅、暖棚、便民存包处等公共设施，对老旧设施，特别是公共厕所、交通站点等根据游客需求进行标准化改造，可以进一步提升旅游的便利性和舒适性。

通过开展标准化工作，可以促进旅游服务各个环节的精细化管理。东北人的粗犷大气与南方人的精致细腻形成鲜明对比，只有用标准化手段，才能平衡南北地域差异，引导服务转向细致入微，实现精细化管理。比如，在人流集中的景区，利用智慧旅游服务标准提供带有时段限制的放号预约和智慧实时播报，引导游客适时出行，可以避免游客在严寒中久站排队和扎堆游览，也便于游客错峰游览，得到更好的旅游体验。通过标准化方式，也能够平衡不同地域在消费理念上的差异，比如，可以通过菜单的标准化要求，明确菜量和原料，让南方“小金豆儿”点菜时心里有底，便于品尝到多种美食，又可以避免菜量过大造成的餐饮浪费。

面对全国甚至周边国家的“小金豆儿”云集带来巨大的客流，哈尔滨发起了文化和旅游资源的总动员。在旅游目的地城市里，旅游空间、场景、产品边界越来越模糊，城市历史、文化、工业、民族遗存和风情，甚至是生活设施一股脑地成为旅游的关联要素。在新的全方位场景下，旅游标准更能发挥破壁作用，提供贯穿工旅、农旅、科旅、体旅等“旅游+”和“+旅游”的融合业态服务，为游客呈现出精彩纷呈、目不暇接的丰富体验场景。

要充分发挥标准的破壁作用，推进文旅深度融合发展。通过制定城市文博场馆的旅游服务规范和旅游设施建设指南，可以提升文博场馆的旅游服务水平。通过制定城市设施的旅游功能开发指南，可以对城市生活设施，如菜市场、影剧院、澡堂子等场所进行适游化改造，将生活场景旅游化、旅游生活化，打造烟火气十足、生活味满满的旅游新场景，提升旅游目的地城市的产品丰富度和整体体验感，让旅游城市从热点式爆火走向润物细无声的城市生活化场景的全方位呈现，实现从“网红”向“长红”的进阶，最终推进城市建设和精神文明的全面进步。

以标准化手段推动文旅融合高质量发展

（崔子瀛，2024 年 7 月发表于《中国旅游报》）

旅游标准化一直以来作为旅游业发展的重要技术支撑，是提高旅游服务质量的关键环节，是加强旅游行业治理和规范市场秩序的重要手段，是推动旅游创新和转型升级的重要力量，对提升游客满意度、增强企业市场竞争力、促进社会经济发展具有十分重要的作用。

截至 2023 年 8 月，全国旅游标准化技术委员会已经制定旅游相关国家标准 36 项，旅游行业标准 60 项，涵盖旅行社、旅游住宿、旅游交通、旅游景区、旅游餐饮、娱乐、商务、购物、旅游教育研学、旅游市场监督管理等多类型标准，基本实现全覆盖。这些标准颁布实施以后，越来越多的旅游企业对照标准进行产品升级与服务提质。

当前，我国发展处于重要战略机遇期，正在进行高质量发展转型。为准确把握新发展阶段，贯彻新发展理念，构建新发展格局，推进文化和旅游深度融合发展，标准化是重要的技术管理手段，起到引导方向的作用。在文旅深度融合的大背景下，标准化工作能如何发挥示范引领作用，如何助力文旅融合和整个行业高质量发展？

一、标准化手段能激发文旅融合新动能

以旅游标准为切入点，通过丰富标准的文化内涵及相关条款，引导旅

游市场主体坚持“以文塑旅、以旅彰文”。通过融合标准的编制实施，进一步推进文化和旅游业态融合、技术融合、产品融合、市场融合，促进优势互补，形成发展合力，实现提高旅游服务品质与改善文化体验。通过标准，实现旅游业的文化功能、文化效益更加凸显；通过标准，促进文化传播、彰显文化自信、培育和践行社会主义核心价值观。

标准化手段是促进文化传播传承新手段。统筹好文化传播和旅游推广，在文化传播中附加旅游推广，在旅游推广中注入文化元素，形成“1+1>2”的协同效应。

旅游既是满足人民精神文化需求，增强人民精神力量的重要途径，也是将中华文化向外传播，推动中华文化更好走向世界，实现传播文明、交流文化、增进友谊的重要桥梁。标准化工作可以通过深入挖掘和阐释文化内涵，让旅游成为人们感悟中华文化、增强文化自信的途径，实现旅游业社会效益和经济效益的有机统一。在文化交流和旅游推广有机结合的基础上，推动文明交流互鉴，促进民心相连相通，提高国家软实力、增强中华文明传播力。

二、标准化手段能提升文旅融合附加值

文旅产业融合显著提升产品附加值，丰富优质市场供给，有效释放旅游消费力，增强文旅产业核心竞争力。通过拓展旅游文化内涵，创新旅游发展路径，能够提升旅游产品的文化价值，为旅游产业发展源源不断地注入活力；文化拓展能够提升旅游影响力，更好地满足人们多元旅游的需求，真正将文化优势转化为旅游优势，增进文旅产业融合发展效应，赋能区域经济发展。坚持文旅相长，找准两者相容性、契合处、联结点，形成兼具文化和旅游特色的新产品、新服务、新业态，对促进旅游业供给侧结构性改革起到积极作用。

标准化工作能全面服务于文旅融合，提高行业服务质量和管理水平，

增强企业竞争力，提升企业知名度，拓展旅游市场。在新的背景下，亟须探索通过标准化促进文旅融合的工作路径。

一是通过标准化工作引导企业为旅游产品增添文化内涵。

在旅游业国家标准制定与修订工作中，鼓励起草单位围绕旅游市场需求和政策要求，积极添加文化相关条款，引导企业为旅游产品增添文化内涵。

比如《民族民俗文化旅游示范区认定》围绕满足文旅融合向产业和基层深化落实的需要，在原有标准的基础上增加公共文化资源、公共文化服务、非物质文化遗产、文化站（馆）、文化演艺等方面的标准和依据。

比如《旅游餐馆设施与服务等级划分》围绕餐馆建设的文旅融合程度不够的问题，在修订中强调了对餐饮文化的引导，利用老字号、名小吃等彰显地域传统文化，突出民俗文化等，并通过主题宴席来凸显本地自然和人文旅游资源。

二是通过标准化手段促进文旅业态融合发展。

随着文旅融合进程不断深入，越来越多的文化场所重视自身的旅游潜力的发挥，增加场馆的游客服务功能，积极投入到文旅融合促进事业与产业双赢的实践中。为引导文化场所有序健康发展旅游功能、提供旅游服务、更好满足游客需求，鼓励各地开展相关的文旅融合新业态方面的项目研究或标准编制。

比如《文化场馆旅游功能开发与建设指南》通过对图书馆、博物馆、美术馆等文化场馆进行调研，制定科学的文化场馆旅游功能开发模式，满足不同类型、不同层次旅游者需求，编制文化场馆旅游功能开发方面的行业标准，为文旅融合业态的规范发展做出新尝试。

三是通过标准化制定引导文化产业融入旅游思维。

旅游是文化的翅膀。标准化工作可以通过丰富旅游产品和服务的文化内涵，推动旅游产业发展，促进文化事业繁荣，更好满足人民群众对美好生活的新期待新追求。

近些年，陕西华清宫的《长恨歌》实景演出场场爆满，这得益于自 2011 年以来，华清宫就文化演艺围绕旅游者需求制定了一系列标准。在此基础上，《实景演出服务规范 第 1 部分：导则》《实景演出服务规范 第 2 部分：演出管理》《实景演出服务规范 第 3 部分：服务质量》3 项国家标准发布，成为国家层面的实景演出类系列标准，对推动全国实景演出规范化、标准化建设，提升演出管理水平具有重要意义，也代表着《长恨歌》演出管理与服务游客的经验在全国首屈一指。得益于标准化建设，《长恨歌》网上好评率高达 99%，经济效益显著提升，演出收入从 2006 年的 760 万元增长至 2019 年的 1.82 亿元，标准化带动产业转型取得良好实践成果。尝到甜头的华清宫也逐步形成了以 3 项国家标准、7 项地方标准、47 项企业标准为骨架的“旅游为体、文化为魂、标准为矛、专利为盾”的“长恨歌模式”。《长恨歌》是典型的文化产业融入旅游思维的范例，也是标准化工作助力高质量发展的典范。

综合来看，文化和旅游标准化工作在规范旅游行业管理，提高行业服务水平，加快国际接轨，提升文化和旅游产业品质和质量形象方面具有重要意义，但通过标准化推动文化和旅游融合高质量发展任重道远。

露营旅游标准化建设的问题与对策研究

（牟琳、张琰，2022 年 7 月发表于《标准生活》）

一、引言

露营并非新兴概念，在世界各地已经具有悠久的历史。如今在疫情常态化管理的影响下，“2 小时度假圈”成为主流，露营旅游满足了人们回归自然、社交娱乐的需要，极大地激发了旅游者的体验兴趣，从曾经小众的旅游形式一跃成为新热点。

露营旅游具有显著的城市近郊微度假特征，主要有野外露营、休闲露营两种类型。相对较为小众、以户外生存为特点的野外露营而言，休闲露营更为轻松简单，装备和设施更便捷、参与门槛低、活动场景丰富、对生态环境影响相对较小，受众也更为广泛。同时，由于露营是一种体验性活动，可以引入丰富的元素并与其他业态紧密结合，催生“露营 +”业态创新，更能够满足旅游者的多元化需求。迅速发展的露营旅游给市郊“微度假”市场带来新活力，有力带动了疫后旅游产业复苏。

然而，伴随露营旅游在我国的快速发展，不文明露营行为带来的生态环境破坏、露营基础设施不完善带来的安全事故频发等问题也暴露出来。快速发展的露营市场存在着诸多隐忧，亟须通过标准化来规范市场行为、引领产业创新，提升露营旅游的安全性、舒适性和丰富性，促进中国露营旅游的高质量发展。

二、露营旅游发展现状

（一）露营市场规模快速增长

根据美国房车租赁平台（RV Share）2022 年发布的调研报告，2020 年，全球露营和休闲车旅游市场价值达到近 441.248 亿美元，自 2015 年以来，年复合增长率（CAGR）为 1.9%，预期 2025 年市场价值将达到 607.659 亿美元。

2022 年 3 月以来，在旅游休闲需求多样化、旅游产业转型升级、疫情影响的多重作用下，中国露营旅游持续升温，露营市场呈现“井喷式”增长。中研普华数据显示，2020 年中国露营市场规模在 7000 亿元左右，而每年增长速度为 40%，预计未来市场规模在 5 到 10 年后将达到 2 万亿元。露营旅游参与人群集中于 21—45 岁，以年轻一代尤其是年轻家庭占主导。携程、飞猪、美团等 OTA 平台显示，2022 年端午期间露营相关产品预订量逆市上扬，同比普遍涨幅达 2—3 倍，根据艾媒咨询预计，2022 年国内露营营地市场规模或可达到 354.6 亿元。

（二）“露营 +”新业态带动产业链布局加速

露营旅游呈现个性化、多样化的发展趋势。“露营 + 自驾”“露营 + 野餐”“露营 + 乡村”“露营 + 体育”“露营 + 演艺”“露营 + 旅拍”等“露营 +”模式被深度挖掘，创造了星光露营、沙漠露营、海岛露营等露营打卡方式，不仅显示出露营市场可观的消费升级潜力，更体现出露营经济拉动相关产业发展的“乘数效应”。

露营风潮直接带动露营全产业链站上风口，吸引越来越多的企业布局。2022 年，中青旅遨游网发布了新品牌“遨游露营家”，宣布进军精致露营领域。露营产业链上，露营建设经营、露营活动组织、露营设施设备生产以及为露营提供配套服务的餐饮、购物、娱乐、住宿等企业数量均迅速扩张。截至 2021 年 10 月，中国共有超 3 万家露营地企业，2020 年和 2021 年分别新增超 8000 家和超 15000 家露营地企业。然而，在露营市场爆发式增长阶段，大多数企业在经营管理、服务流程、游客管理等方面，缺乏相关的经验积累，期待行业规范引导。

（三）数字化技术赋能露营体验升级

“Z 世代”人群热爱探险活动和自然探索，正在成为露营旅游的消费主力。而伴随互联网成长的年青一代，非常重视数字化、信息化、智能化的服务体验。例如，高速 Wi-Fi 信号覆盖、充电端口等基础服务设施；线上实名制预约、便利支付、营地活动资讯、周边旅游信息整合等“云体验”内容；大数据监控、安全管理、在线营销等露营企业运营管理数字化正在露营旅游场景中得到广泛应用，露营企业运营效率、露营旅游者安全保障水平显著提升。

（四）生态环保理念逐步深入人心

双碳战略目标下，露营地对太阳能、风能等新能源的使用偏好增加，露营旅游成为开展生态教育的适宜场景。“生态露营”要求露营活动的开展尽量不破坏生态系统完整性，尊重当地文化与自然的协调发展。因此，营地在整体规划和供水、供电、照明及通信的设计中应融入低碳环保理念，在活动内容中应重视环境解说与自然教育；同时也要求露营旅游者在活动中尽量减少对环境的影响，保持低碳足迹、选择清洁能源，使用充电电池、可循环使用的炉灶或烧烤架等露营装备、微生物降解的一次性用品等。

三、露营领域国内外标准供给

（一）国际标准

根据ISO在线浏览平台（OBP）检索结果，自1988年以来，ISO陆续发布过17项露营帐篷与房车营地相关标准。但随着产业发展，文件不断进行更替或废止，现行有效的露营主题ISO标准仅有两项（见表1），且主要集中于露营帐篷术语定义、设计技术和制造标准，没有涉及露营服务领域。

表1 ISO现行露营相关标准

ISO标准号与标准名称	标准内容
ISO 5912:2020露营帐篷－要求和试验方法	本文件规定了露营帐篷的安全、性能和适用性要求
ISO 7152:1997露营帐篷和大篷车遮阳篷－词汇和等效术语表*	包含与露营帐篷和大篷车遮阳篷相关的最常见术语列表以及一些定义。 2006年ISO发布补充文件（ISO 7152：1997/AMD1：2006）

*注：2020年，ISO 7152：1997及其补充文件（ISO 7152：1997/AMD1：2006）合并启动修订，至今仍在修订进展中。

露营旅游对促进跨文化交流、旅游可持续发展有着重要作用，随着露营旅游市场日益增长，加强国际标准合作、开展露营服务国际标准研制是当务之急。

（二）国家标准和行业标准发布与实施

2015年以来，我国陆续发布实施《休闲露营地建设与服务规范》系列国家标准，目前共发布国家标准4项、国标计划1项、行业标准6项，对不同露营地类型的选址规划、建设、服务设施、服务规范与质量要求等作出规定（见表 2）。这些标准的发布实施，有力推动了我国休闲露营产业的标准化建设与可持续发展。

2020 年，文化和旅游部依据《自驾车旅居车营地质量等级划分》（LB/T 078-2019）等文件，在全国范围内开展“自驾车旅居车营地”等级认定工作，对全国露营休闲旅游发展具有较强的示范作用。至 2021 年年底，已认定 35 家 C 级自驾车旅居车营地，其中 5C 级 13 家、4C 级 22 家。

表 2　露营领域我国现行国家标准和行业标准

标准类型	标准名称	标准号
国家标准	休闲露营地建设与服务规范　第 1 部分：导则	GB/T 31710.1-2015
国家标准	休闲露营地建设与服务规范　第 2 部分：自驾车露营地	GB/T 31710.2-2015
国家标准	休闲露营地建设与服务规范　第 3 部分：帐篷露营地	GB/T 31710.3-2015
国家标准	休闲露营地建设与服务规范　第 4 部分：青少年营地	GB/T 31710.4-2015
国标计划	休闲露营地建设与服务规范　第 4 部分：露营公园	20192235-T-469
行业标准	自驾车旅居车营地质量等级划分	LB/T 078-2019
行业标准	汽车自驾运动营地建设要求与开放条件	TY/T 4001.1-2018
行业标准	汽车自驾运动营地服务管理要求	TY/T 4001.2-2018
行业标准	汽车自驾运动营地星级划分与评定	TY/T 4001.3-2018
行业标准	生态露营地建设与管理规范	LY/T 2791-2017
行业标准	自驾游管理服务规范	LB/T 044-2015

（三）地方标准

为促进房车营地和露营旅游的发展，很多地区积极研制地方标准，目前新疆等 15 个地区发布现行有效地方标准 20 项，长三角沪苏浙皖联合发布了房车旅游区相关服务标准 1 项（见表 3）。现有标准分别对露营地选址规划、建设、服务设施、服务规范与质量要求等作出规定。依据相关标准，各地分别开展了露营地、房车（自驾车）营地、房车旅游服务区等级评定。

表 3 露营旅游相关区域标准、地方标准

标准名称	标准号	发布地
房车旅游服务区 基本要求	DB31/T 773—2019（上海）、DB32/T 2638-2014（江苏）、DB33/T 911-2019（浙江）、DB34/T 3001-2019（安徽）	长三角联合发布
山地旅游 第 34 部分：露营地基地设施与服务规范	DB52/T 1401.34-2021	贵州
康养旅居地汽车露营地建设、服务与管理规范	DB5104/T 29-2020	四川攀枝花
汽车旅游营地星级划分	DB45/T566-2020	广西
森林公园露营地建设与服务规范 第 1 部分：导则	DB65/T 4252.1-2019	新疆
森林公园露营地建设与服务规范 第 2 部分：汽车露营地	DB65/T 4252.2-2019	新疆
森林公园露营地建设与服务规范 第 3 部分：户外扎营露营地	DB65/T 4252.3-2019	新疆
汽车露营地设计指南	DB62/T 2996-2019	甘肃
山地旅游 第 8 部分：汽车露营地设施与服务规范	DB52/T 1401.8-2019	贵州
营地型房车酒店 基本要求及服务规范	DB5206/T106-2019	贵州铜仁
自驾车旅居车营地建设服务及等级	DB54/T 0168-2019	西藏
自驾车露营地质量等级划分	DB50/T 896-2018	重庆
自驾车旅游营地建设规范	DB63/T1724-2018	青海
自驾车旅居车营地建设与服务规范	DB61/T 1200-2018	陕西
智慧旅游建设与服务规范 第 7 部分：智慧自驾车旅居车营地	DB61/T 1201.7-2018	陕西
金秀瑶族自治县自驾车营地服务规范	DB45/T 1610-2017	广西
汽车旅游露营地建设与服务规范	DB14/T 1106-2017	山西
经营性帐篷露营地建设与服务规范	DB31/T 1069-2017	上海
自驾游营地等级划分与评定	DB51/T 2142-2016	四川
旅游露营地等级的划分与评定	DB21/T 2294-2014	辽宁
三亚市自驾车旅游露营地建设与服务规范	DB46/T 250-2013	海南
汽车旅游营地等级划分与评定	DB53/T 417-2012	云南
汽车旅游营地星级的划分与评定	DB45/T 566-2009	广西

四、露营标准化的关键问题

（一）露营场景灵活，管理标准协同性不足

在大多数人的观念里，“有草坪的地方就能搭帐篷”，景区绿地、城市绿化带、郊野绿地，甚至小区绿地都成为露营的场景和空间载体。在我国，不同场景露营的管理主体不一，各部门发布的标准和规范性文件中协同度不够，并且对于安全管理、服务管理内容覆盖不完整的情况非常普遍，给快速成长的露营市场造成发展隐患。

（二）“露营 +”社交属性明显，配套要素有待完善

数字化时代，年轻的露营者对露营便利性、社交性、智慧营地服务等方面有更高的要求，然而现行标准在营地建设标准中，空间布局、基础设施、配套服务等方面对游客不断提升的服务体验需求响应度不够，内容相对滞后，无法满足旅游者对营地社交属性、智慧属性的诉求。

（三）文明旅游宣贯不够，行为标准有待规范

由于标准和管理规范的缺失，露营旅游者在亲近自然、放松身心的同时也频繁出现垃圾清理不到位、破坏草木和环境、赌博、宠物伤人、活动噪声扰民等多种不文明行为。针对这些游客不文明旅游现象，营地普遍缺乏应有的文明旅游引导的服务管理措施，露营旅游的文明引导宣贯不到位、露营相关知识普及率不高，需要政府部门、行业组织、相关企业等主体加强标准与规范研制、开展对管理与服务人员引导文明旅游的知识和技能培训、进一步加强对公众的宣传引导，推进露营旅游的可持续发展。

五、标准化推动露营旅游可持续发展的对策建议

（一）加强露营系列标准高质量供给

一是加强公共服务配套方面的标准研制。在露营类型分类的基础上，通过标准化引导营地更合理地进行规划布局、资源配置、配套设施建设，因地制宜提供水、电、卫生等配套设施或服务，形成完善的露营公共服务体系。

二是加强露营系列标准供给的协调性。各归口管理部门建立露营旅游发展共识，增强标准的协调性。文化和旅游部门、风景名胜区、林业管理、绿化市容部门、河湖与水源地管理部门等不同类型露营的归口主管部门，应在充分认知露营休闲旅游功能的基础上，加强业务监管，在规划建设、设施设备、游客体验、服务便利化、安全保障等方面加强标准协调性。

（二）标准化推动“露营 +”业态持续创新

一是各地因地制宜加强区域特色性标准供给。同时加强数字化技术、生态化理念在露营旅游服务中的场景应用，通过标准创新赋予业态提升新内涵，在促进露营高质量发展方面发挥标准创新引领作用。

二是通过标准化推动露营旅游与其他产业融合发展。鼓励露营旅游与民宿、郊野公园、乡村旅游等业态融合发展，加强露营游与民宿集聚区、度假区等场景相结合，带动露营旅游体验全面提升。

三是通过各环节的标准化提升管理规范性。各景点景区，包括体育旅游休闲基地、市政公园、乡村旅游点、乡村民宿等具有露营旅游闭环管理条件的单位，积极探索自身资源环境与开发露营旅游的兼容性，划定明确的营地空间范围、制定明确切实可行的管理规范，从基础设施、配套服

务、安全保障、服务规范、服务人员、文明旅游引导等各方面加强与露营旅游相关的标准内容供给，提升露营旅游的管理规范性。

四是通过标准化引导企业加强品牌建设。通过露营旅游标准化典型案例的宣贯，引导行业企业加强产品 IP 主题及业态创新，聚焦“近郊微度假”这一风口，更好吸引营地旅游爱好者参与。

五是通过标准化加强数字化在营地服务中的创新引导。借助标准化的手段，鼓励露营旅游加强数字化建设，推动营地完成在营位、道路、停车场、购物、餐饮等各环节的智慧信息集成，更好地引导和服务旅游者。

（三）加强可持续发展理念下文明旅游宣贯引导

“文明旅游”是旅游可持续发展理念的重要组成部分。作为一种新鲜的旅游体验，很多露营旅游者专业经验不足，需要加强露营文明旅游的标准化建设和宣贯，倡导旅游者树立爱护环境、关爱自然的意识理念；引导旅游者文明旅游，合理选择露营地、合规处理垃圾、减少露营活动中的碳排放，平衡露营旅游的发展与生态环境的保护、促进人与自然的和谐相处。

第三章

关注新业态发展，开展全面调研，探索旅游服务质量提升新路径

乡村民宿服务质量提升调研报告

（陶从瑞、张艺驰、刘孝蓉，2023 年文化和旅游部“根在基层”二十佳调研报告）

一、研究背景与意义

近年来，民宿是蓬勃发展的旅游新业态。乡村民宿作为乡村旅游的重要吸引物，承担着乡村从观光、休闲到度假的转型升级使命，是全面推进乡村振兴的重要抓手，受到行业和市场的广泛关注。

（一）研究背景

1. 市场背景

伴随现代化与城市化转型，中国的城市化进程取得了世界瞩目的成就，但随之而来日益严重的“城市病”，激发了城市人对乡村生活的美好向往，乡村旅游也因此成为文旅市场的热点。据统计，2019 年，我国乡村旅游接待人数达到了 30.9 亿人次，占国内旅游总人次的一半。乡村民宿这种乡村度假新业态也随着乡村旅游的热潮快速发展。目前，全国有约 20 万家旅游民宿，其中 80% 以上分布在乡村，而已经依据国家标准《旅游民宿基本要求与等级划分》（GB/T 41648-2022）评定的全国等级旅游民宿 129 家，其中 90% 分布在乡村。无论是从供给方还是需求方的角度，乡村都是民宿青睐的场所。本课题所采集乡村民宿数据，指在 OTA 平台有明确地址显示分布在乡村，但未评定等级旅游民宿的民宿。本课题组所指等级旅游民宿均指按照国家标准评定的甲级乙级民宿，鉴于前期统计其绝大多数分布在乡村，因此也作为分析乡村民宿的重要样本。

乡村民宿既是乡村文化和旅游融合的重要载体，也是乡村文明与城市文明交流的重要场地，既是城市人诗与远方的家园，也是乡村实现潜在资源转化，促进乡村发展的助推器。从实践来看，乡村民宿作为乡村旅游的重要业态组成部分，不仅为乡村旅游提供多样化、个性化住宿产品，也是展示乡村文化，推广乡村产品的平台，更是乡村留住游客，增加乡村文化和旅游消费，促进乡村旅游转型升级的重要手段。因此，乡村民宿服务质量的提升，是整个乡村旅游服务质量提升的重要环节。乡村旅游的发展，通过旅游产业带动乡村经济，促进城乡协调发展，进而实现乡村振兴。

鉴于此，为全面了解乡村民宿服务质量现状，提升乡村文化和旅游融合效能，促进乡村民宿高质量发展，更好地推动文旅赋能乡村振兴，本课题组结合全国旅游民宿评定工作，通过问卷发放、游客访谈、实地走访等方式，对乡村民宿服务质量发展现状开展了调研，并在基于问题的前提下提出了相应的解决对策。

2. 政策背景

随着乡村振兴战略的提出，乡村经济发展中旅游产业的地位逐渐凸显，成为促进乡村产业兴旺的重要增长方式，成为各级政府关注的焦点。乡村旅游与乡村民宿的相关政策也不断出台。截至 2023 年 3 月底，国家层面出台 17 项政策涉及民宿产业。从政策出台年份来看，2015 年出台 2 项，2016 年出台 1 项，2017 年出台 1 项，2018 年出台 3 项，2019 年出台 2 项，2021 年出台 5 项，2022 年出台 2 项，2023 年出台 1 项。

表 1　乡村民宿相关出台政策

	时间	出台单位	文件名	民宿相关政策内容
1	2015 年 11 月	国务院办公厅	《国务院办公厅关于加快发展生活性服务业促进消费结构升级的指导意见》(国办发〔2015〕85 号)	积极发展客栈民宿等多种住宿餐饮服务的细分业态，以适应多层次多样化的消费需求
2	2015 年 12 月	中共中央、国务院	中共中央、国务院关于落实发展新理念加快农业现代化实现全面小康目标的若干意见》(中发〔2016〕1 号)	开发特色民宿等乡村休闲度假产品，以促进休闲农业和乡村旅游的发展
3	2016 年 2 月	国家发展改革委、中宣部、科技部、财政部、环境保护部、住房城乡建设部、商务部、质检总局、旅游局、国管局等十部门	《关于促进绿色消费的指导意见》(发改环资〔2016〕353 号)	积极引导居民践行绿色生活方式，支持共享经济，鼓励通过民宿出租等方式将个人闲置资源进行有效利用
4	2017 年 6 月	国家质量监督检验检疫总局、中国国家标准化管理委员会	《2017 年国民经济行业分类》(GB/T 4754-2017)	首次将“民宿服务”纳入我国国民经济行业分类当中
5	2018 年 3 月	国务院办公厅	《国务院办公厅关于促进全域旅游发展的指导意见》(国办发〔2018〕15 号)	鼓励通过民宿改造提升等多种方式推进旅游扶贫和旅游富民，城乡居民可用自有住宅依法进行民宿经营
6	2018 年 10 月	国务院办公厅	《完善促进消费体制机制实施方案(2018~2020 年)》(国办发〔2018〕93 号)	在旅游领域进一步放宽服务消费领域市场准入，鼓励民宿客栈等短租服务的发展

续表

	时间	出台单位	文件名	民宿相关政策内容
7	2018 年 11 月	文化和旅游部	《文化和旅游部关于提升假日及高峰期旅游供给品质的指导意见》（文旅资源发〔2018〕100 号）	加强乡村民宿等产品建设，强化弹性供给；开发乡村民宿游等旅游新业态，重点打造以民宿为核心的乡村旅游产品，完善旅游供给体系
8	2019 年 7 月	文化和旅游部	《旅游民宿基本要求与评价》（LB/T 065-2019）	替代 2017 年的民宿标准，对“旅游民宿”“民宿主人”等术语进行了官方定义，将民宿划分为“三星、四星、五星”三个等级，并从经营、安全卫生、环保等方面对民宿提出了具体要求
9	2019 年 8 月	国务院办公厅	《国务院办公厅关于进一步激发文化和旅游消费潜力的意见》（国办发〔2019〕41 号）	规范旅游民宿市场，推动星级旅游民宿品牌化发展，以丰富文化和旅游产品的供给
10	2021 年 2 月	中共中央、国务院	《关于全面推进乡村振兴加快农业农村现代化的意见》	开发休闲农业和乡村旅游精品线路，完善配套设施
11	2021 年 2 月	文化和旅游部	《旅游民宿基本要求与评价》（LB/T 065-2019）	将民宿等级改为“甲、乙、丙”三个等级，增加“提供餐饮服务时应制定并严格执行制止餐饮浪费行为的相应措施”条款

续表

	时间	出台单位	文件名	民宿相关政策内容
12	2021 年 3 月	中共中央、国务院	《中华人民共和国国民经济和社会发展第十四个五年规划和 2035 年远景目标纲要》	壮大休闲农业、乡村旅游、民宿经济等特色产业。民宿产业首次被纳入国家五年规划
13	2021 年 4 月	国务院办公厅	《关于服务“六稳”“六保”进一步做好“放管服”改革有关工作的意见》(国办发〔2021〕10 号)	鼓励各地区适当放宽旅游民宿市场准入，推进实施旅游民宿行业标准
14	2021 年 4 月	文化和旅游部	《“十四五”文化和旅游发展规划》	优化住宿供给，支持特色民宿、主题酒店等创新发展
15	2022 年 2 月	中共中央、国务院	《关于做好 2022 年全面推进乡村振兴重点工作的意见》	支持农民直接经营或参与经营的乡村民宿、农家乐特色村（点）发展
16	2022 年 7 月	文化和旅游部	《旅游民宿基本要求与等级划分》(GB/T 41648-2022)	从证照、规模、发展方向、法律法规、标准化管理等 5 个方面对规范民宿发展提出新要求
17	2023 年 2 月	中共中央、国务院	《关于做好 2023 年全面推进乡村振兴重点工作的意见》	实施文化产业赋能乡村振兴计划；实施乡村休闲旅游精品工程，推动乡村民宿提质升级

除了出台相关政策，国家标准《旅游民宿基本要求与等级划分》（GB/T 41648-2022）的发布对民宿产业发展具有重大意义。该标准自 2023 年 2 月 1 日起正式实施，标志着我国民宿业进入规范化发展新阶段，“新国标”从证照、规模、发展方向、法律法规、标准化管理等 5 个方面对民宿发展提出要求，为旅游民宿管理部门和经营者提供了规范经营与管理的依据，对促进旅游住宿行业高质量发展具有引领性作用。

从国家政策和国家标准的出台可以看出，乡村民宿与乡村产业高质量发展关系密切，国家层面已经明确其是乡村旅游发展的重要业态和主要抓手，通过民宿来促进乡村产业，传承乡村文化，提升乡村消费，实现乡村减贫致富的作用明显，而民宿服务质量的提升关乎乡村旅游转型升级，关乎乡村振兴，理应开展更深入的研究。

（二）研究意义

乡村民宿服务质量是乡村民宿发展的生命线，对乡村民宿服务质量的调研和问题研判，能够提升乡村旅游体验、释放乡村经济发展活力、增强乡村民宿业主竞争力，促进乡村政策制定和管理提升。

提升乡村旅游体验。乡村民宿服务质量的调研与分析有助于了解游客对于乡村旅游的期望和需求，从而从游客角度出发提供更好的乡村住宿产品，提高游客住宿体验，增加游客停留时间，传承传播乡村文化，满足人民群众美好生活需要，促进乡村旅游可持续发展。

释放乡村经济发展活力。乡村民宿作为乡村经济的重要组成部分，提升其服务质量有助于吸引更多的游客，增加游客消费，增加乡村旅游的收入，充分推动乡村经济活力的释放，实现文旅消费赋能乡村振兴。

增强乡村民宿业主的竞争力。研究乡村民宿服务质量可以帮助民宿业主更好地了解客户需求和市场趋势，倒逼行业提质增效，通过提升服务质量，增强乡村民宿竞争力，提高客户满意度和忠诚度。

提供政策制定和管理参考。研判乡村民宿服务质量存在的问题和对应的解决策略，可以为行政管理和相关机构提供决策参考，进而制定相关政策和管理措施，引导乡村民宿行业的规范化和可持续健康发展。

二、乡村民宿服务质量现状

（一）乡村民宿服务设施配置与管理服务现状

课题组通过对全国各地民宿的现场走访和调研，了解到乡村民宿的硬件服务设施与软件服务配套的总体情况。

1. 乡村民宿服务设施配置情况

总体来看，在乡村民宿中，根据投资的多寡以及民宿所处的位置，服务设施配套差距较大。在乡村民宿集聚的区域，通常停车场、公共厕所、游览步道、标识标牌等公共服务设施比较完善。而单一的民宿常由于投资的局限性以及土地利用的限制，缺少区域公共服务设施，也无法配套更多室内外公共服务活动空间，比如咖啡厅、游泳池、游乐场、其他休闲设施等。同时，在经济比较发达，乡村已经具备较好的现代化基础的地区，乡村公共服务设施建设比较早，相关的硬件配套比较完善，比如浙江、广东等地。而一些中西部地区，乡村公共服务设施配套地域差异较大，有些民宿远离城镇，甚至不具备通车条件的偏远地区，相关配套设施比较缺乏。在已经评定的全国甲乙级等级旅游民宿中，公共服务普遍相对齐全。而其他未评定等级的大部分乡村民宿，公共配套服务设施还有待进一步完善。

2. 乡村民宿服务管理情况

从全国层面来看，大部分省份根据《旅游民宿基本要求与等级划分》要求，出台了旅游民宿等级评定管理办法和实施方案等工作细则，组织地方开展了民宿等级贯标与评定工作培训，组织评定员对本省旅游民宿开展了初步等级认定和摸底工作，并积极配合完成全国甲乙级旅游民宿评定工作。通过以评促建的方式推动乡村民宿规范化发展，引导民宿服务质量提升。部分省份通过成立民宿行业协会等组织，加大行业自治，引导行业标准化发展。并与高校等开展合作，共同培养旅游民宿行业管理人才。安徽省以奖补政策引导优质民宿提升服务，动态化监控民宿服务质量提升。江苏省通过建设旅游民宿服务质量监测平台开展民宿服务提升，溧阳市还探索建立民宿“红黑榜”评价体系，激励和引领民宿提升服务质量。

3. 民宿经营业主服务提升措施

从对民宿经营业主的问卷调查分析来看，服务质量是民宿业主的重点关注内容。在民宿服务质量的提升措施上，79.08% 的民宿业主通过对硬件设施进行提升改造来提升服务质量，72.44% 通过提升服务标准，对标申报等级旅游民宿来规范服务质量，70.95% 民宿业主通过对一线服务人员长期开展技能培训以提升服务质量，67.22% 通过对服务人员开展以赛促奖，将服务质量与绩效挂钩的方式提升服务水平，55.74% 的业主通过不断征求游客意见，了解游客满意度和关注点，在此基础上丰富服务内容，实现服务的创新管理。

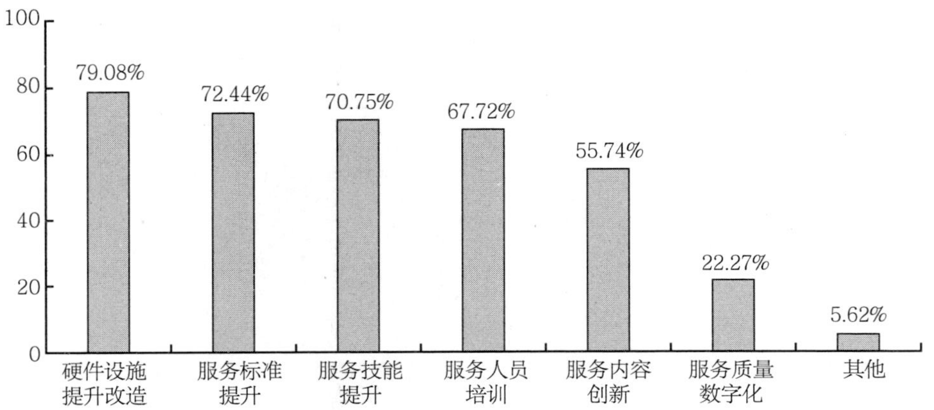

图 1 全国旅游民宿业主服务质量提升途径

（二）游客对乡村民宿服务质量的网络评价

乡村民宿的游客主要通过社交媒体和旅游网站评价和反馈服务质量。游客在入住民宿后通过在线平台或评价系统对乡村民宿的服务质量进行评价和反馈。包括对房间设施、卫生状况、员工态度、餐饮、住宿质量等方面的评价，综合反映了游客对民宿服务质量的感受。游客还可以在社交媒体平台或旅游网站上分享他们的旅行经历和住宿体验，这些分享提供有关乡村民宿服务质量的信息，包括文字评论、照片和视频等。通过对携程、美团网络评论数据的收集和分析，课题组获得了部分游客对民宿服务质量评价的高频词，了解了游客对民宿的主要关注点。

1. 好评率和差评率对比分析

通过美团数据采集，对全国 2022 年等级旅游民宿和乡村民宿的数据进行区分，发现等级旅游民宿的价格区间普遍高于乡村民宿，同时，等级旅游民宿的好评率也普遍高于未评定等级的乡村民宿，说明价格并不是游客最关注的评价指标。在服务质量方面，游客更关注的是质价匹配。其中，乡村民宿的好评率是 43%，而等级旅游民宿的好评率是 62%（图 2、图 3）。

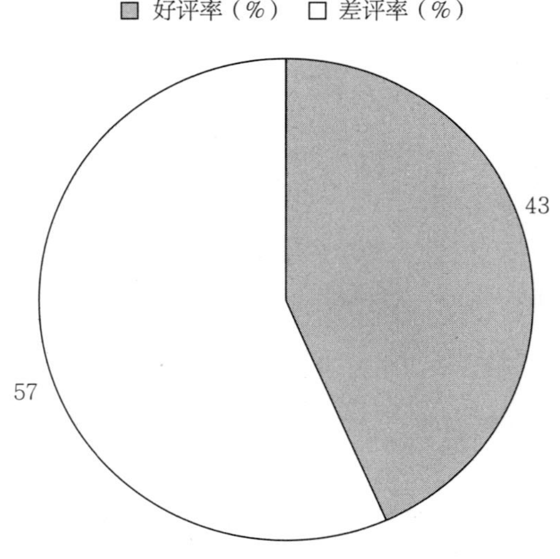

图 2　2022 年乡村民宿好评率

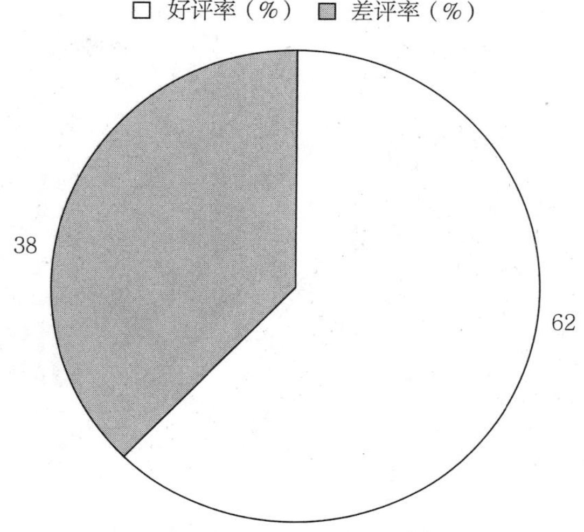

图 3　2022 年等级旅游民宿好评率

2. 民宿服务质量高频词分析

通过对已经评定的全国等级旅游民宿在携程上的网络评价文本数据的爬虫，对游客的好评、差评的高频词进行提取，了解游客对服务质量的关注角度（图 4～图 7）。

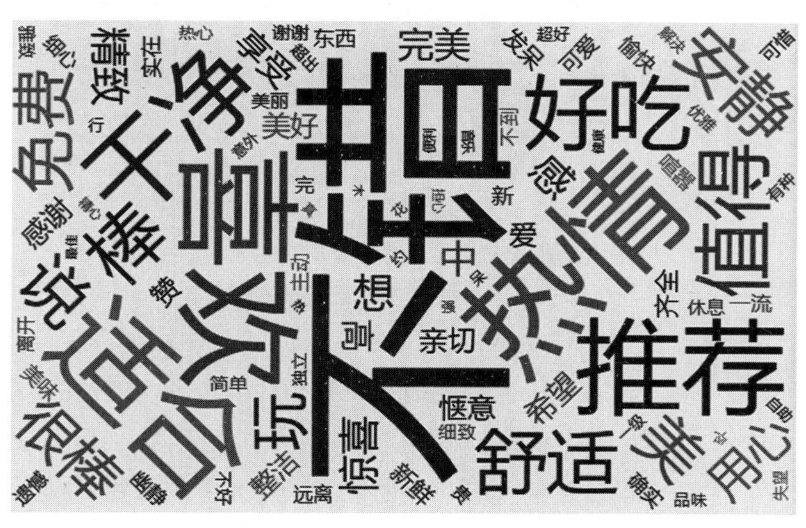

图 4　全国甲级旅游民宿好评高频词

图 5　全国乙级旅游民宿好评高频词

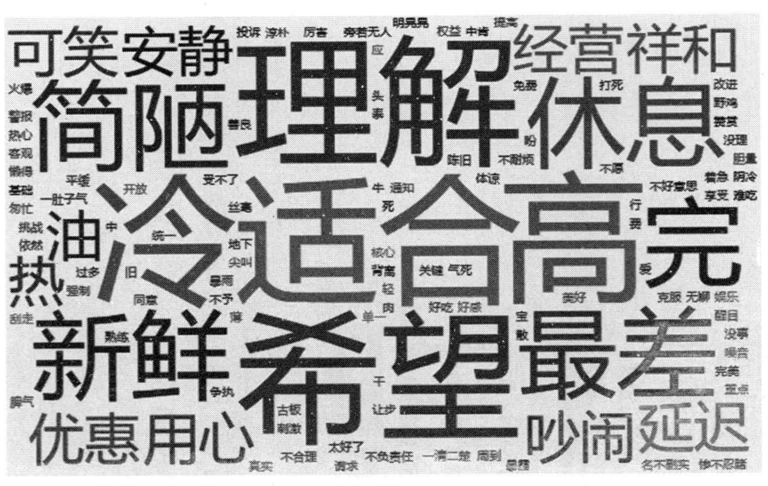

图 6　全国甲级旅游民宿差评高频词

综合来看，乡村民宿服务质量的游客评价主要体现在以下几个方面：一是设施和环境。游客评价乡村民宿的设施和环境条件，包括房间的舒适度、设施的完备性、卫生状况、环境的美观和安全性等。二是服务态度和专业水平。主要包括员工的礼貌和热情程度、对客户需求的响应速度、提供的服务质量和准确性等。三是餐饮与住宿质量。在住宿方面的关注主要

图 7　全国乙级旅游民宿差评高频词

包括床上用品是否干净舒服，床的大小软硬是否合适，住宿环境是否安静舒适。餐饮质量包括食物的口味和品质、餐厅的卫生状况、餐饮服务的效率和专业水平等。四是活动和体验。主要关注乡村民宿提供的活动和体验项目，如农事体验、乡村游览、娱乐活动等，包括活动的安排和质量、管家的服务水平等。五是总体满意度。主要包括对整体服务质量、性价比、客户关系管理等方面的评价。

通过携程数据分析发现，游客对周边环境的要求通常是环境美、景观好，房间漂亮；对于服务内容，游客关注舒适、精致、安静、干净；对服务态度，游客关注态度热情，主动关注需求等；对氛围，游客享受愉快的放松感。在差评中，游客主要吐槽的是卫生环境不够干净，设施不太方便，饭菜不合口味，房间不够安静，服务态度冷漠等方面。

3. 民宿服务质量多维评价对比

在美团数据中，课题组从环境、服务、卫生、安全和设施 5 个方面分别对乡村民宿和等级民宿进行评价，并对不同年份的情况进行了对比，其中 2022 年的整体评分表现优于 2021 年。其中，2022 年乡村民宿的每个维度评分均高于 2021 年（图 8、图 9）。

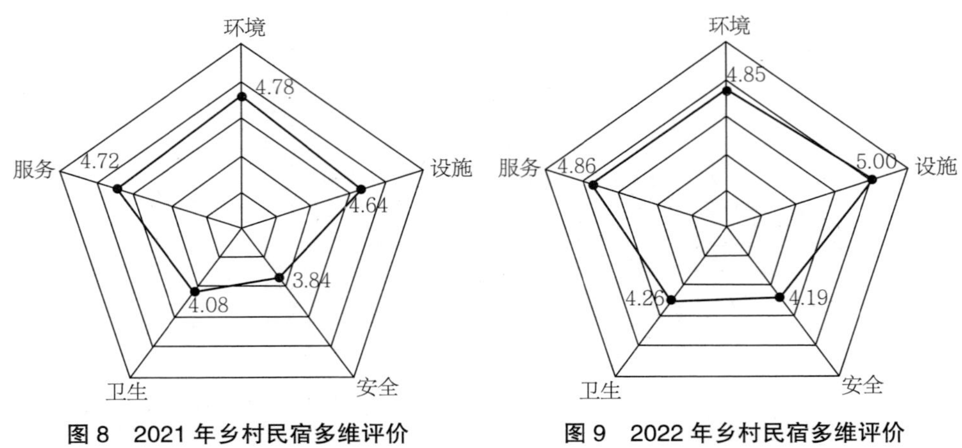

图 8 2021 年乡村民宿多维评价 **图 9 2022 年乡村民宿多维评价**

（三）游客对乡村民宿服务的需求与期望

综合美团与携程数据的分析，发现游客对乡村民宿的需求和期望可以概括为以下几个方面：一是自然与宁静。游客希望在乡村民宿中能够享受自然环境和宁静的氛围，远离城市的喧嚣和压力。二是独特的体验。游客期望民宿中能够体验到独特的文化、传统和生活方式，感受当地的风土人情。三是舒适与便利。游客期待乡村民宿提供舒适的住宿条件，包括干净整洁的房间、舒适的床铺、设备齐全的卫生间等。同时，他们也希望能够享受到便利的服务，如免费 Wi-Fi、停车场、餐饮服务等。四是亲近自然与农村生活。游客希望能够亲近自然，参与农村生活的体验活动，如农田劳作、果园采摘、农家餐等。五是文化交流与互动。游客期望能够与乡村民宿的主人和当地居民进行文化交流和互动，了解当地的历史、传统和习俗。六是美食体验。游客希望能够品尝到当地的特色美食，享受到新鲜的农产品和绿色食材。七是安全与保障。游客对乡村民宿的安全性和保障措施有一定的期望，包括消防设施的完备性、安全指示的提供、紧急救援的能力等。八是可持续发展。一些游客对乡村民宿的可持续发展和环境保护有一定的关注和期望，希望民宿能够采取环保措施，减少对环境的影响，并能够持续发展。游客的诉求是民宿业主开发民宿的导向，也是管理需要

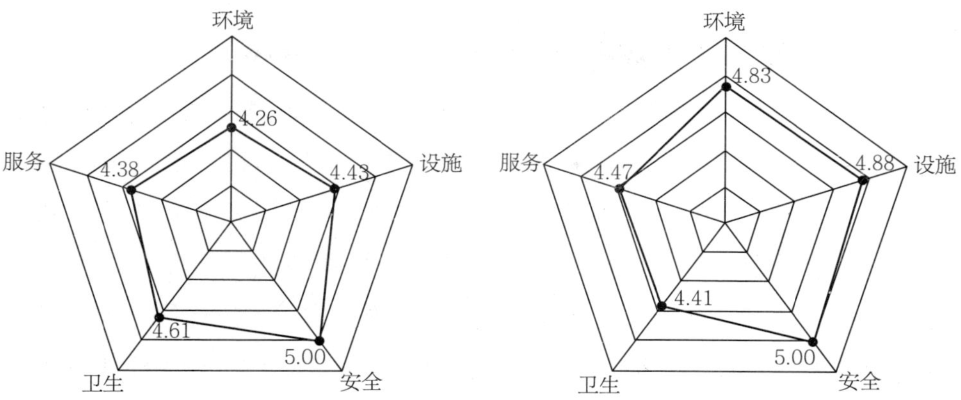

图 10　2021 年等级旅游民宿多维评价　　**图 11　2022 年等级旅游民宿多维评价**

关注的重点内容。在未来的民宿服务质量提升中，需要重点围绕游客的关注焦点开展服务质量的提升。

三、乡村民宿服务质量存在的问题

通过对乡村民宿的现场调研与网络数据分析，综合来看，民宿服务质量还存在诸多短板，主要体现在以下几个方面。

（一）基础配套服务设施有待进一步完善

乡村民宿在全国的数量多、分布广，区域差异明显。部分地区无线网络覆盖、旅游公厕、医务室、生活便利店等民宿基本配套设施不足，影响民宿产业的全面发展。在消防、安保方面还有较大提升空间。供应链不畅，民宿配套设施采购成本较高，布草洗涤等服务链成为痛点。部分民宿集聚区域规模扩大，带来交通、食品安全、垃圾处理、水资源、生态环境等一系列管理服务压力。

（二）管理服务水平有待进一步提高

大部分乡村民宿的经营业主是当地村民，在从事民宿经营与管理之前较少从事服务接待工作。在开发民宿过程中，主要以自学与观摩其他民宿的方式学习民宿的经营与管理，对民宿的运营与服务方面缺乏专业化知识，也缺乏专业服务技能，成为制约乡村民宿服务质量提升的主要短板。部分乡村民宿受制于专业能力制约，只提供简单的住宿和餐饮功能，不具备“休闲娱乐、康养、民宿体验、田园采摘、垂钓”等多样化服务拓展功能，同质化现象严重。同时，对民宿的宣传推广、品牌运营、服务管理、设施维护、业态丰富方面均缺乏专业水平的支撑，整体管理服务水平不高。

（三）高质量服务品牌有待进一步塑造

高标准的品牌民宿在整个乡村民宿中相对欠缺，乡村在品牌民宿的引进和建设方面步伐较慢。大部分民宿只能满足对服务不敏感的普通旅居客人的需求，对追求高品质精致服务体验的游客缺乏吸引力，难以形成较高的消费。目前大部分乡村民宿主要是对乡村民居资源的粗放利用，处于民宿发展的初级阶段。各地有必要引导民宿规划和建设朝多元化和错位经营的方向发展，丰富民宿层次体系，满足不同客群的需求。大力塑造民宿品牌，构建完备的民宿接待服务体系。尤其是重点提升品牌民宿影响力，推动民宿品牌化发展，提升全行业的服务质量升级。

（四）安全管理与服务有待进一步提升

处于乡村地区的民宿监管难度较大，治安、消防、食品、房屋安全等均一定程度上存在监管短板。同时乡村民宿监管主体以属地乡镇为主，管理人员较少，手段单一，监管能力难以适应民宿行业高速发展需求。此外，民宿各经营主体存在各自为政的分散经营状态，行业自律组织的缺失，行业安全标准化规范化发展缺少有力支撑。且过于分散的布局状态也导致民宿监管难度大，消防设施及公安力量普遍配备不足，食品安全和卫生环境存在一定的安全隐患。

（五）专业型人才有待进一步培育

大部分民宿服务人员是当地人，在文化素养、生活品位方面难以满足游客的服务品质诉求。一线服务人员从业技能和服务意识还有待进一步加强。且大部分民宿服务人员是从其他行业转型而来，以当地村民为主体，服务能力和服务意识不强，且流动性较大。而对于城市读书毕业的年轻人来说，对乡村的认知度不高，对乡村就业还存在一定的心理障碍，即便通过持续的加薪也难以留住优质人才。民宿一方面面临专业人才奇缺，另一方面，具备一定专业能力的人才也缺乏良好的成长空间，薪资待遇上升空间有限，职业瓶颈明显，限制了优秀人才进入行业。

四、乡村民宿服务质量提升建议

（一）夯实基础配套设施，丰富民宿服务配套体系

民宿重点发展区域宜开设农村供水供电、数字乡村、人居环境、危房改造、垃圾污水、消防水源、消防车道、绿化亮化、邮电通信等民宿公共设施“绿色通道”。加快打通民宿目的地“最后一公里”，民宿集聚区、重点村原则上宜建成等级公路，开通民宿集聚地“直通车”，配套民宿周边的公共停车场、卫生间、公共健身、文化活动等设施，丰富旅游产品，完善旅游设施，开辟旅游线路，为住宿游客提供丰富多彩的休闲度假体验。

（二）坚持文化赋能，突出民宿服务特色化

引导地方发展乡村民宿把促进文化自信、文化振兴摆在重要位置，深入挖掘本土文化，将人文典故、乡土民俗、传统工艺、非遗产品等融入旅游民宿，凸显民宿的地域特色文化，防止“一哄而上”“千宿一面”。乡村民宿发展强调结合地域文化特色，以城市郊区型、农事体验型、景区配套型、民族村寨型、温泉康养型、非遗研学型、红色文化型等多样化主题，突出民宿服务特色化和差异化。

（三）引进专业化管理模式，促进民宿规范化发展

引进专业化管理模式，促进民宿规范化发展。学习其他行业先进的专业化管理模式，将外来的开发与服务理念转化为因地制宜的地方理念，做到统一引领行业，解决民宿经营问题，加大政府监管力度，培养行业紧缺人才，着力培育和引进专业运营管理队伍，加强对非专业从业人员的持续培训。对于民宿市场供需情况、消费变化趋势等信息进行统一的信息采集，开展数据监测并定期发布，积极发挥市场对资源进行有效配置的作用。发挥监测倒逼民宿服务质量提升的良性循环作用。

（四）加强人才队伍培育，提升民宿服务能力

加大旅游民宿人才引进和培养力度，加强与高校、职业院校及培训机构的对接协作，将民宿规划设计、开发建设、经营管理和服务人员培训纳入计划。分类型、分层次对民宿经营管理者和服务人员开展系统培训，着力培养一批懂经营、善管理、高素质、专业化的旅游民宿人才队伍。通过人才引进等方式，积极引入一批高层次，具有丰富实践经验的专业人才，不断提高乡村民宿专业化管理水平。加大人才返乡创业扶持力度，支持外出务工农民、高校毕业生、退役军人回乡带领群众进行民宿创业，为民宿产业持续健康发展提供人才保障。

（五）个性化与标准化兼具，培养乡村民宿服务品牌

从乡村民宿的长远发展来看，服务的价值将会在经营中发挥越来越重要的作用，服务品牌将会成为未来的核心竞争力。因此，围绕地方好客文化，将淳朴的乡土乡情，浓厚主人文化特质转化为地方服务特色，将服务本土化与现代化、标准化相结合，将服务质量与民宿的长远竞争力培育同步考虑，协调发展，形成具有鲜明特点的乡村民宿服务品牌。将品牌服务转化为竞争力，实现服务的标准化输出，进而实现人才管理团队的输出，最终形成市场广泛认可的服务品牌。

（六）加强大数据管理，推动民宿服务质量监测创新

积极采用技术创新和智慧化管理，提升乡村民宿服务效率和客户体验。适时举办民宿发展推进会和相关主题活动。推进 OTA 平台数据、舆情监测数据及第三方现场调查数据整合来实现对民宿服务质量测评，评选优质服务企业和服务标兵。推动新媒体、数字化融合营销，将民宿纳入地方文旅系统信息化、智慧化建设体系，打造民宿智慧平台，实现查询、预订、管理、营销于一体的智慧民宿管理平台。建立乡村民宿服务质量监测基地，常态化开展民宿服务质量评价数据采集，对入选的基地开展长期服务质量动态监测，以大数据平台监测的方式引领服务质量的精准提升。

旅游民宿发展的现状、问题与对策

（张艺驰，2023 年 9 月发表于《中国旅游报》）

大众旅游时代来临，传统的旅游住宿产品难以满足人民群众对美好生活的多样化需求。旅游民宿作为个性化的住宿产品，承载了丰富住宿产品类型、推动住宿业转型升级的重任，既是文化和旅游融合的重要载体，也是乡村振兴的助推器，是促进文化和旅游消费、推动文化和旅游产业高质量发展的重要支撑。近年来，国内旅游民宿在各地快速发展，受到市场热捧，各级政府也纷纷出台鼓励旅游民宿产业发展的政策文件，助推了市场的有序发展。

为摸清全国旅游民宿家底，了解全国旅游民宿产业发展现状，文化和旅游部旅游质量监督管理所组织课题组开展了全国旅游民宿发展情况调研工作。此次调研主要采用现场走访、电话访谈、问卷调查、网络大数据分析等方式。课题组对调研过程中收集的各类资料进行了综合分析，形成如下报告。

一、旅游民宿发展现状

据不完全统计，目前全国旅游民宿约 20 万家。其中，四川、云南、浙江、山东、贵州、广西六省区排位靠前，均超过 1 万家，四川省最多，达到 4 万家。

从地域分布来看，全国各地差异明显。总体上，西南地区旅游民宿较多，如云南、贵州等地。东部地区以浙江为最，中部地区湖南、湖北较多，西北及东北省份较少。

从城乡分布来看，80% 的旅游民宿分布在乡村地区。大部分集中在知名景区附近及乡村旅游发展较为成熟的地区。主要有景区依托型、乡村体验型、文化特色型、康养旅居度假型等类型。

从建筑属性来看，大部分旅游民宿是通过对原有民居的改扩建而形成，占比达 47.81%。由传统老宅、废弃厂房、旧学校等的提升与改造而成的占比也较高。总体来看，对老旧房修缮和改扩建形成的旅游民宿占总体用房的比例达到 84.7%。

从投资方面看，投资 50 万元以下的旅游民宿占比 10.35%，投资 50 万元以上、500 万元以下的占比为 55.79%。投资 1500 万元以上的占比 13.44%。

从旅游民宿经营性质来看，有 53% 的旅游民宿使用自有房屋经营，通过租赁方式经营旅游民宿的占比 41%，与房主共同经营的较少，占总样本的 6%。

从经营情况来看，以自有房屋开展经营的民宿营收稳定，投资 500 万元以下的已经形成品牌的旅游民宿营收情况较好，投资 1000 万元以上的旅游民宿经营压力较大。

在旅游民宿投资资金来源上，主要为民宿主自有资金，占比高达 76.32%，合伙人共同筹资的占比 19.74%，其他主要是银行贷款。

在旅游民宿的宣传渠道方面，62.32% 的旅游民宿主通过抖音进行宣传。在问卷的多项选择中，通过口碑传播、微信公众号进行宣传的旅游民宿占比也较大，分别为 47.75%、46.34%。把小红书、政府官方平台、快手作为主要宣传渠道的旅游民宿分别占比 29.53%、22.5%、19.52%。

在旅游民宿的销售渠道和平台选择上，携程是最主要的销售渠道，占比 68.28%，选择美团作为主要销售渠道的旅游民宿占比 50.79%，部分旅游民宿是两大平台均有选择。

二、发展中存在的问题

通过对产业发展和管理现状进行综合分析，课题组认为，旅游民宿发展目前主要存在以下问题。

（一）管理机制不顺畅

由于民宿概念边界较为模糊，许多非标准化住宿设施缺乏对应的称谓，被统称为旅游民宿。在不同的省份，这些住宿设施分属于不同的部门进行监管，且各行政管理部门职责分散，常缺乏监管主体，出现监管真空。

（二）合规经营有障碍

部分旅游民宿由于房屋产权不清或者面积达不到消防安全要求，或土地使用存在争议，或建筑改造不合规、缺乏建筑安全鉴定等问题，导致无法办理相关证照。目前，除了文化和旅游部组织评定的等级旅游民宿，其他为游客提供住宿的许多民宿存在证照不全的情况。同时，外来投资者多以租赁方式使用民房，在旅游民宿发展壮大以后，房东常因房租等问题与经营者发生纠纷，导致经营者利益无法保证，影响旅游民宿可持续发展。

（三）公共服务显不足

乡村公共基础设施配套相对薄弱，许多民宿所在区域交通、水电、通信、医疗等基础设施和公共服务配套不完善。不少乡村旅游民宿“最后一公里”不通畅，同时道路缺乏规范标识等。配套公共服务设施也比较缺乏，如缺少旅游厕所、停车场、医务室、生活超市、便利店及其他公共活动空间等配套设施，导致旅居度假游客生活不便。

（四）食卫安全存隐患

由于很多旅游民宿处于乡村地区，地广店稀，综合监管明显不足。垃圾处理、污水排放等存在不规范问题，食品安全、卫生防疫等监管不完善。一些民宿建筑耐火等级低，消防设施配备不足，用火用电用气疏于管理，灭火和应急疏散准备不足。治安管理也存在入住人员登记不全、视频监控不足、防盗设施欠缺等隐患。

（五）文旅融合待深入

大部分旅游民宿对地域文化深度挖掘不足，历史文化、红色文化、民族文化等与旅游融合不够，文物活化利用不充分，非物质文化遗产生产性保护与开发欠缺，文创产品开发水平参差不齐，旅游民宿的文化内涵有待进一步提升。

（六）产品业态待丰富

部分旅游民宿产品较单一，体验方式较单调，与其他产业的联动开发不足，没有形成“旅游民宿 +”“+ 旅游民宿”的产业链，业态融合不充分。除了住宿，其他体验活动比较欠缺，游乐活动不足。产品缺乏特色，存在同质化现象，导致旅游民宿缺乏持续的市场吸引力。

（七）服务水平待提升

大部分旅游民宿服务人员是本地人，对服务的专业度认知不足，生活习惯和审美品位与客人有一定差距。由于缺乏专业服务技能，服务质量难以满足游客高品质诉求。服务人员从业技能和服务意识均有待提升与规范。

（八）人才培育待加强

旅游民宿产业近几年发展迅猛，专业人才需求旺盛。但目前鲜有中高等院校开设旅游民宿相关专业，也较少有专门的培训机构规范化开展旅游民宿服务领域的系列培训。现有旅游民宿从业人员主要从其他行业转型而来，甚至是从未有从业经验的当地村民，对旅游民宿设计、建设、运营、管理、服务等缺乏专业素养，且流动性很强。专业人才欠缺成为旅游民宿发展的最大瓶颈之一。

三、旅游民宿发展对策

为了促进旅游民宿高质量发展，针对上述问题，课题组在管理、政策、融资、设施、产业、宣传、人才等方面提出对策建议。

（一）优化管理体制

厘清各部门监管边界，明确各部门职责，统筹做好旅游民宿行业监管。加强对旅游民宿的食品安全、社会治安、污水排放、消防安全、应急救援、市场秩序等方面的综合管理。联合住建、公安、应急管理、消防救援、市场监管、卫健等相关部门围绕旅游民宿开办和审批服务开通绿色通道，打通旅游民宿住宿实名登记系统接入、卫生许可证、食品经营许可证、消防安全检查和特种行业许可证办理等方面的“最后一公里”。

（二）完善政策配套

着力推进农村土地制度改革，解决由于产权纠纷导致的旅游民宿用地瓶颈，探索利用村集体土地灵活解决公共服务配套用地等问题。出台政策进一步明确旅游民宿治安、消防安全条件和特种行业许可证的审核发放程序。鼓励地方制定推动民宿发展的资金奖补、税费减免和人才下乡等优惠政策。

（三）加大金融支持

引导金融机构和旅游民宿创办主体开展银企对接活动，引导社会资金投资旅游民宿。加大旅游民宿产业信贷支持，放宽贷款抵押门槛，在贷款利率上给予适当优惠。通过国有参股、农户以房屋作价入股或租赁经营等形式，组建旅游民宿经营管理公司，构建资源整合和融资运作平台。

（四）夯实公共配套

大力推进农村人居环境整治，提升旅游民宿所在村庄的景观效果。改善旅游民宿可进入性等交通基础设施条件，加快打通旅游民宿所在地“毛细血管”道路连接，在民宿集聚区加强消防给水设施和治安巡防、志愿消防组织建设。增加旅游厕所、停车场、游览步道、骑行绿道、健身设施、生活超市、快递点、便利店等生活配套服务设施建设，为旅居度假游客提供便捷的生活服务。围绕数字乡村开展主客共享的乡村智慧化公共服务提升。

（五）丰富旅游民宿业态

围绕旅游民宿提升周边休闲游憩的整体吸引力，围绕产业融合丰富游客的参与度和体验感，开发农业观光、农事体验、非遗工坊体验、户外运动、体育健身、特色研学、文娱活动等，在旅游民宿周边形成3—5条长短不一的旅游线路，丰富游客体验，增加游客停留时间。

（六）加大宣传推广

树立旅游民宿品牌理念，加大对旅游民宿品牌的宣传力度。加强等级旅游民宿的品牌塑造与宣传推广，使等级旅游民宿成为旅游民宿建设的标杆与示范，成为游客心心念念的向往之地，引导更多潜在消费者认可等级旅游民宿品牌。扩大等级旅游民宿在整个旅游市场的品牌号召力，树立个性化住宿典型样板，进一步带动住宿产业转型发展和微度假目的地建设。

（七）坚持文化引领

深入挖掘本土文化，将当地人文典故、乡土民俗、传统工艺、非遗产品、传统体育项目等融入旅游民宿，培育一批凸显地域文化特色的优质主题旅游民宿。推动“非遗 + 旅游民宿”“手工艺 + 旅游民宿”“节庆 + 旅游民宿”“地方美食 + 旅游民宿”等产业创新与文化引领融合发展模式。

（八）创新人才培育

鼓励地方院校开设民宿管理与运营、旅游民宿管家等相关专业，大力培养旅游民宿运营管理人才。定期举办全国性旅游民宿经营管理人才培训。发挥行业协会作用，定期组织专家开展地方旅游民宿品质提升现场指导工作。开展旅游民宿管家服务技能大赛、旅游民宿直播人才选拔赛、旅游民宿伴手礼设计大赛等，以赛促学，为旅游民宿培养新型综合型人才。

从国庆假期看疫情防控常态化背景下的国内旅游消费新特点

（李德春，2020 年 10 月发表于《中国旅游报》）

今年的国庆节假期不同寻常，它既是中秋、国庆两节相遇特别年份的超长假期，也是席卷全球的新冠疫情在国内进入防控常态化背景下的第一个黄金周。据文化和旅游部数据中心测算，中秋、国庆八天假期，全国共接待游客 6.37 亿人次，实现国内旅游收入 4665.6 亿元。

通过国庆假期的旅游统计数据不难看出，依托国内大市场，我国旅游经济已经进入疫情防控常态化背景下的全面复工复业新阶段，受疫情影响被压抑的旅游消费需求得到初步释放，居民旅游消费信心明显恢复。同时，透过此次黄金周也可以看到，在疫情防控常态化的大背景下，国内旅游消费呈现出一系列新特点。

一、出境旅游消费基本归零，让原本主要以海外为旅游目的地的国内高端旅游消费主力人群回流国内，国内高端旅游产品热销，成为此次中秋国庆黄金周最大的消费亮点

去年，国庆 7 天假期国内出境旅游人数突破 700 万人次，境外刷卡消费 315.87 亿元，人均刷卡消费超过 4350 元（银联智惠数据）。客观地说，出境旅游客群是国内旅游消费的主力，也是高端旅游产品消费的主要人群。今年，由于国外疫情仍然严峻，各国都采取了边控措施，全世界的

国际旅游客流被按下暂停键。往年习惯于出境消费的主力客流不得不在国内消费，带动了国内高端旅游消费升温，集中反映在双节假期高端度假旅游产品热销。根据携程发布的“国庆黄金周旅行热力地图”，中秋国庆假期高星级酒店的订单同比暴涨600%，预订均价稳步上扬。其中，上海的高星酒店均价已比去年同期上涨超过20%，位居涨幅第一，越是高端的酒店预订越是火爆。三亚亚特兰蒂斯酒店108888元起的波塞冬水底套房、108888元起的皇家套房早早就被预订一空，5888元起的海景房也基本被订满，中秋国庆黄金周的客房出租率超过95%。

二、疫情不确定性影响居民选择旅游路线，本地和周边短途游十分活跃，以观光为主的跨省长线旅游明显遇冷

在疫情防控常态化背景下，长途旅行的安全风险让居民在计划旅游线路时较为谨慎，同时，一些地区要求假期学生不能出省，这让本地游和周边游成为居民出游首选，而跨省长线游多以小而精的家庭团或小团队为主，在行程上也多选择停留一地深度游。有数据显示，长假期间35.8%的游客选择省内游或短途游，而跨省游的比例为29.1%，出行距离在300千米以内的占比83.5%；飞猪平台预订中秋国庆本地及周边酒店的数量同比增长了80%，增幅首次超过长线游。尽管行程有点短，却都能玩得久，从驴妈妈的预订情况看，选择3天2晚和4天3晚的人次占比较去年同期增长17%。携程的数据也显示，国庆期间酒店连住5天的旅客环比增长35%，连住7天则暴增70%。可见，受制于疫情的不确定性，旅游消费将以本地、周边短途为主的情况或将持续一段时间。

三、疫情让游客安全意识增强，更多地选择相对安全的出行方式，自驾游十分火爆，跟团游占比大幅下降

疫情反反复复的不确定性，让人们对跟团风险仍有顾忌，与乘坐公共交通工具相比，自驾的方式在防疫上相对安全很多，同时，受惠于假期高速免费的政策，自驾成为人们此次黄金周出游的优选方式，自驾自助出游一跃成为假期主流的旅游消费方式。有数据显示，假期房车自驾预订量同比上涨 77%，西北、西南的自驾游预订量同比增长超 160%，平均自驾天数达到 4 天。高德地图发布的报告显示，黄金周期间，上海、成都、北京、广州、重庆、深圳、东莞、杭州、苏州、佛山成为国内自驾热度最高的十大目标城市。

与备受青睐的自驾游相比，跟团游明显降温，市场占有率大幅减少，在防疫常态化的形势下，这种情况或许一时难以改变。随着国内交通基础设施和智慧旅游技术的持续完善，国内游将以自由行为主的大众旅游时代已经到来。老年人是跟团游的主力客群，在疫情形势下，这部分客群出游受到很大影响，此次特殊背景下的黄金周进一步强化了去旅行社化的国内旅游新趋势。福州市的数据显示，假日期间全市接待 502 万游客，旅行社等有组织的出游比例不足 2%。某旅行社从业者赵先生表示，国庆假期 6.4 亿出游人数中，旅行社组织的游客数量占比很少，甚至不及零头。

四、民宿度假产品成为假期旅游消费的黑马，不少地方出现民宿一房难求的情况

相对于传统酒店，民宿往往依托景区景点、特色乡村、康养胜地等自然或人文资源优异的地区，在环境上舒适、安静，操作上便捷、随性，同时人员密集度小、零接触服务也符合人们对疫情防控的预期，受到追求个

性品味的中高端客群的热捧，很多旅游目的地和大城市周边的民宿双节前就早早被预计一空。某民宿平台发布的报告显示，国庆期间平台民宿产品订单量同比上涨 68%，乡村民宿预订量达到去年同期 150%。部分热门目的地城市如三亚、成都、重庆、长沙等地都一宿难求。从消费人群来看，“80 后”“90 后”用户群体成为消费主力人群，占比高达 76%。亲子家庭旅游需求旺盛，两居室预订比例相较于去年增长超过 190%，超过 5 天的订单较去年同比增长 47%，用户不再满足于走马观花的打卡式旅游，更愿意享受沉浸式的深度旅游。

五、疫情防控形势进一步强化了线上消费方式，线上预订、线上支付的覆盖面和交易量都创下新高

本届黄金周在线预订成为国内旅游的“新常态”，进一步推升了线上交易的规模。携程门票平台的数据显示，假期前四天携程门票预订量全面超过去年同期，同比增长达到 100%，部分景区来自携程的游客量达到去年的 2 到 5 倍，最高增长超过 10 倍，创下历史新高。同时，携程平台提供预约游览服务的景区超过了 10000 家，覆盖国内 1200 多个城市和目的地，覆盖面也创下新高。携程相关负责人表示，今年国庆景区消费的火爆，得益于各大景区预约服务的成熟，通过旅游平台预订门票已经成为游客习惯。

网联平台数据显示，旅游出行相关交易在国庆假期期间迎来复苏高潮，日均交易笔数和交易金额较今年“五一”假期涨幅分别为 90% 和 130%。短途游、自驾游受到青睐，租车市场消费高涨，部分租车平台交易笔数和交易金额同比涨幅分别为 13% 和 71%。

六、限量预约、分时错峰的景区游览观念深入人心，理性、有序消费渐成风尚

按照疫情防控的统一要求，全国景区严格实行限量预约、分时错峰的门票预约制，经过了“五一”、端午假期的实践，到中秋国庆假期，这一制度更加完善成熟，“无预约，不旅游”已成为今年旅游消费的新常态，同时也潜移默化地改变着游客的旅游消费习惯，广大游客愈发适应“预约旅游”这种理性、有序的消费方式，通过微信公众号、小程序、景区官网等不同的渠道进行预约，观览当天按时去景区排队入场。总体来说，此次黄金周景区在人流管理上基本做到了井然有序，游客自身也获得了更好的游览体验和观感。

总之，此次中秋国庆黄金周是疫情后国内旅游业开始重启的标志性阶段。节日期间国内旅游消费表现出来的新特点，让我们看到了国内旅游业将很快克服疫情影响、重回高质量发展轨道的新机遇、新希望。

我国老年旅游产业问题现状与对策

（牟琳，2022 年 8 月发表于《文化和旅游决策参考》）

一、发展老年旅游正当其时

老年旅游也称为银发旅游，传统意义上指年龄在 60 周岁以上（含 60 周岁）的老年人以游览、娱乐为目的的出行。按照人力部门对未来退休年龄的界定，银发旅游客群的基础年龄或将提升至 65 岁。“十四五”期间中国将快速迈入中度老龄社会。根据全国老龄委 2020 年的统计数据，我国 63 岁及以上的老年人已超 2.5 亿人，占总人口的比重超过 18%。人口老龄化总量大、速度快、不平衡是未来几十年中国发展的基本国情和趋势，也将对中国经济社会的发展带来全面、深刻、广泛的影响。

发展老年旅游产业具有一定社会、经济和文化价值。在社会价值方面，老年旅游业是老龄产业中最为重要形态之一，发展老年旅游对于提高老年人生活质量具有重要意义。2021 年《中共中央、国务院关于加强新时代老龄工作的意见》出台，明确提出将积极老龄观、健康老龄化理念融入经济社会发展全过程，老年是人的生命的重要阶段，要提高老年人生活和生命质量，维护老年人尊严和权利。在经济价值方面，伴随着老龄化程度的加深、医保制度的完善、社会经济发展水平的提高，我国老年旅游市场前景广阔，具有发展潜力大、效益高、速度快的特征。2016 年至 2020 年，我国老年游客旅游消费年均增速达 23%，2021 年超 7000 亿元，根据全国老龄委的一项调查，目前我国每年老年人旅游人数已占到全国旅游总人数的

20% 以上，旅游成为当前老年人退休后的第一大需求。“有钱又闲”同时还有强烈健康需求的老年人将成为我国健康旅游市场消费的重要主体，能够为后疫情时期我国健康旅游的发展注入强大动力。在文化价值方面，尊老敬老是中华民族传统美德之一，因此，要规范和发展老年旅游产业、为老年人提供优质且有针对性的旅游产品，关注老年人对晚年美好生活的追求，描绘健康舒适的“夕阳红”生活场景，满足老年人精神文化方面的追求。发展老年旅游产业要注重与时俱进，致力于完善老年旅游的各个环节、提高服务质量，增强老人晚年幸福感，宣传社会主义核心价值观，弘扬尊老敬老的传统美德。

二、老年旅游产业特点及问题

通过市场数据分析，我国银发旅游市场有着诸多特点，如地域集中性强、短线游比重大、费用来源多样化、休闲养生类受青睐、中意淡季出游、主要出行方式为跟团游、大部分会选择环境和设施较好的成熟目的地等。国内外学者们的研究表明，老年旅游者最主要的出游推力动机是探亲访友、休闲放松、求新求异和自我实现，拉力动机是目的地具备的优美风景、良好的服务和设施、丰富的活动内容等。此外研究还表明，与其他国家的老年旅游者相比，中国老年旅游者除了具有一般的寻求知识、社交和享乐等动机，其出游动机还包括自豪与爱国主义、乡愁。相对于一些发达国家，我国的银发旅游产业仍处于初级发展阶段，对于银发老人出游的各类需求尚未能提供针对性的产品和高质量的服务，同时存在缺乏法律法规和标准支撑等问题。

老年旅游产业存在的问题具体有如下四点。

（一）顶层设计有待完善，缺乏健全的老龄服务体系

现阶段我国社会及旅游市场尚未形成健全的老龄服务体系，健全老年

服务体系是全社会积极应对人口老龄化的重要举措，为老年游客提供优质的旅游服务，不仅需要旅游市场的转型增效，更需要社会基建、公共服务的提质升级。目前老年旅游面临行业整体布局和顶层设计缺失、法律法规缺位、管理部门间缺乏协同联动、社会老龄服务意识薄弱、企业参与程度不足等问题，亟需加大人性化服务、配套设施的投入，增强社会整体的服务意识。

（二）产品特色有待挖掘，缺乏精准的老年旅游服务

旅游产品缺乏针对性。老年旅游是关爱老年人的重要服务路径，旅游服务作为一种综合的现代服务业，应提供多层次的旅游服务，满足老年游客的多元精神需求。老年群体不同于其他群体，体力、饮食习惯、出游偏好都有其特殊性，很多旅行社在设计旅游产品时，受限于设计费用和风险承担能力，更多地将旅游行程的受众对象定位为大众旅游，并没有专项设计符合老年人的心理特征、生理特征和行为特征的旅游产品，也难以对旅游目的地的情况进行透彻到位的前期调研、对旅游服务人员进行专业培训，使得向老年旅游者所提供的服务不具有特色化、专业化、人性化。

（三）服务质量有待提升，缺乏有力的健康安全保障

老年游客更容易产生旅游纠纷。根据 2016—2018 年旅游投诉数据，老年游客旅游投诉数量和投诉频次均高于其他年龄段的游客群体，老年游客所反映的旅游纠纷大多出于对低价旅游团提供的服务质量不满。此外，“加费”“拒收”和健康安全也是引起投诉的主要原因。这不仅反映出老年游客对于旅游服务质量更为敏感，也说明旅游市场利益驱动具有盲目性。

（四）数字困境有待突破，缺乏便捷的老年信息服务

目前信息技术的适老化和无障碍设计尚未普及，作为信息的需求方，老年人存在“数字鸿沟”困境，相较于普通民众在信息获取便利性方面老年旅游者仍有较大差距。此外，旅游企业便利老年旅游，配备健全无障碍设施等相关资讯未能有效且广泛开展宣传，老年游客出游需求一定程度上受到限制。尽管银发旅游虽蕴含无限商机，但由于上述问题和未能详尽的各种现实原因，国内银发旅游在发展和特点上趋同于低端旅游、缺少符合老年人需求的优质老年旅游产品，其根源在于：政府制度性监管不足、产业发展失衡、政策和标准难以对市场发展提供有效指引等，从旅游各业态发展历程来看，以标准化工具规范银发旅游发展将是实现有效监管的必然选择和业态良性发展必经之路。

三、老年旅游产业标准化现状

在我国人口老龄化加速的大背景下，银发旅游是近年市场、政策关注的热点，通过标准化手段来规范和发展老年旅游市场、提高老年旅游质量刻不容缓。

2010 年至今，国务院相继出台了 71 个涉及“老年旅游”的相关文件，《国务院办公厅关于进一步促进旅游投资和消费的若干意见》（国办发〔2015〕62 号）明确要积极发展老年旅游，加快制定实施全国老年旅游发展纲要，规范老年旅游服务，鼓励开发多层次、多样化老年旅游产品。各地要加大对乡村养老旅游项目的支持，大力推动乡村养老旅游发展……鼓励进一步开发完善适合老年旅游需求的商业保险产品。《国务院办公厅关于进一步扩大旅游文化体育健康养老教育培训等领域消费的意见》（国办发〔2016〕85 号）提出围绕旅游文化养老领域，通过提升服务品质、增加服务供给，不断释放潜在消费需求。《国务院办公厅关于促进养老托育

服务健康发展的意见》(国办发〔2020〕52号)强调要促进康养融合发展，支持面向老年人的养生保健、健身休闲、文化娱乐、旅居养老等业态深度融合。《国务院办公厅转发国家发展改革委关于推动生活性服务业补短板上水平提高人民生活品质若干意见的通知》(国办函〔2021〕103号)指出要推动健康旅游高质量发展，加强物联网、人工智能、大数据、虚拟现实等在健康、养老、文化、旅游领域应用……实现服务需求和产品创新相互促进。

此外,《国务院办公厅关于促进全域旅游发展的指导意见》(国办发〔2018〕15号)、《“十四五”文化和旅游发展规划》等文件也对制定出台老年人旅游服务标准给出明确要求。

尽管政策上予以银发旅游更多的引导和支持，但银发旅游仍是标准领域的冷门。涉及银发旅游的标准仅有4项(见表1)。

表1 老年旅游相关标准

名称	层级	归口单位	发布日期	主要内容
老年旅游服务规范景区	国家标准	全国服务标准化技术委员会	2017年12月	规定了景区为老年旅游者提供服务的基本要求、服务提供者、服务交付、服务评价与内容和要求
旅行社老年旅游服务规范	行业标准	全国旅游标准化技术委员会	2016年2月	规定了老年旅游服务要求，包括旅游产品要求、旅游者招徕、团队计划的落实、接待服务和后续服务等内容
老年旅游服务规范	地方标准	安徽省旅游标准化技术委员会	2016年2月	规定了旅行社组织的老年团队旅游服务的术语和定义、基本要求、产品设计原则、产品销售、组织实施、安全要求的基本要求
老年专列旅游服务规范	地方标准	大连市文化和旅游局	2020年7月	规定了老年专列旅游的基本安排、中途变更、旅游安全等内容

从具体内容来看，以上标准主要从银发旅游需求的角度规范老年旅游服务，标准实施目的在于减少信息供求的不对称，提高银发旅游产业服务

质量和水平，实现从价格竞争向服务竞争的市场转型。虽然以上标准具有一定的创新性和前瞻性，但标准的市场适用性不强，未能考虑旅游企业的实际承受能力。比如《旅行社老年旅游服务规范》中提出“包机、包船、旅游专列和100人以上的老年旅游团应配备随团医生服务”，在实际操作中，旅行社选择什么科室的医生，医生签约是否需征得医生所在医院同意，如何验证医生资质是否合格等问题均面临较大争议。《老年专列旅游服务规范》关于车体安排等条款则在缺乏铁路部门协助的情况下难以实施。同时，标准中对服务和行程的要求无疑将增加老年旅游者的团费和旅游企业的经营成本，也可能导致混合组团的旅游项目接待老年人的意愿下降。

从宏观角度来看，随着我国老龄化程度加剧，相较于2亿多人的银发旅游需求，银发旅游标准缺失严重、标准滞后的问题已经显现。目前，银发旅游标准体系尚不完备，覆盖范围不全面，距离实现“零障碍”旅游有很大差距。已发布的银发旅游标准内容老化，市场化程度低，执行效果参差不齐，缺乏产业化思维，尚未形成科学系统的产业引领功能。此外，管理部门之间缺乏相应的协调机制，政策与标准、标准与标准存在“打架”现象，不能有效引导形成产业配套措施。

四、老年旅游产业标准化对策

第一，制定以母标准为核心的银发旅游标准化体系。银发旅游本质上是服务标准，但从实践的执行上看，应该要有强制性标准为先导，增强可进入门槛，搭建基于强制性标准的个性化、服务型银发旅游标准体系。可以尝试建立强制性的全国银发旅游促进标准，以其作为上位标准或基础标准，配套制定专项银发旅游标准，应用于酒店、景区、大巴车等相关旅游业态，以便多层次规范银发旅游服务，全方位满足银发旅游需求。标准间需要注重有效衔接和互相补充，实现银发旅游标准“零障碍”。

第二，以市场为导向编制实施标准。银发旅游标准要更加注重实用性、应用性，同时关注到银发老人区别于其他年龄段群体的独特旅游需求，在制定标准、完善银发旅游标准体系等工作中应更多地引进企业、专家学者、消费者参与，以市场需求为导向，制定企业迫切需要的、能够有效解决业态实际问题的标准。标准实施中，要做好标准的宣传普及推广工作，要让银发老人和旅游企业、旅游从业人员了解、认可相关标准。要借助于多元传媒传播手段，将枯燥、抽象、原则的标准通过生动活泼的形式加以宣传，践行社会主义核心价值观，尊老、敬老，服务好 2 亿多银发群体，让老年出游不再困难。

第三，银发旅游标准制定服务为先。银发旅游标准属于服务标准，活用旅游标准化的精神，提供温馨的服务是银发标准的关键。这意味着，在硬件设施足以保障老年旅游顺利进行的前提下，标准内容应更加突出服务功能、服务属性和服务要求。通过明确可操作的标准内容，引导旅游企业专注服务、专业服务，弘扬尊老敬老的中华民族传统美德，提高银发客群满意度。

第四，引导社会资本投资银发旅游。以标准规范有序发展银发旅游的工作手段，以标准引导科学发展银发旅游的工作目的。银发旅游标准化工作要产生新动能，标准化激励政策要鼓励和引导旅游企业提供专业的银发旅游服务，构建银发旅游产业链体系，以打造银发旅游品牌、刺激银发旅游消费来带动银发旅游投资，引导社会和旅游行业关注、服务老龄化，通过市场化手段发展银发经济，使银发旅游成为服务老有所养、老有所乐、老有所需的重要载体。

加大城市公共旅游服务供给，解决城市休闲露营难

（刘建明、杨超，2022 年文化和旅游部关键小事调研成果）

2021 年 12 月 22 日，国务院印发《"十四五"旅游业发展规划》（以下简称《规划》）。《规划》明确指出，全面建成小康社会后，人民群众旅游消费需求将从低层次向高品质和多样化转变，由注重观光向兼顾观光与休闲度假转变，但旅游业发展不平衡不充分的问题仍然突出，距离满足人民对美好生活的新期待还有一定差距，旅游需求尚未充分释放，旅游业供给侧结构性改革任务依然较重，创新动能尚显不足，治理能力和水平需进一步提升。

近年来，旅游消费由传统观光向休闲度假升级发展的趋势日益清晰，城市休闲度假日益成为旅游消费的主力，露营成为市民喜爱的"微旅游"新形式，特别是受疫情影响，人们远途旅行受限，间接地助推了露营发展。今年携程发布的《春季出行趋势报告》显示，今年春季站内露营产品搜索量环比增长超过 80%；3 月至 4 月出行的露营产品预订火热，预订量环比增长 120%。但随着露营的人越来越多，也暴露出当前存在的一些问题。

一、城市休闲旅游服务供给不足，露营"一位难求"

今年"五一"小长假期间全国多地报道休闲露营人气爆棚，露营地几

乎“一位难求”。市民纷纷来到公园的小河边，搭起帐篷，享受假期时光。然而，也有不少市民吐槽在露营时的遭遇，一些市民兴致勃勃出发，却发现大部分市区公园均禁止露营，只能临时寻找其他地方或返程回家。我们进行的问卷调查数据显示影响市民露营的主要因素是“没有可以露营的场地或是可以露营的地方太远”。目前，城市和城市周边都缺少丰富和高品质的休闲度假场所，许多城市公园场所缺乏休闲度假场地和设施，亲子露营和自驾、房车营地等沉浸式休闲场所明显不足，无法满足市民日益增长的休闲度假需求。

二、硬件设施建设不足，影响露营体验

随着露营的爆火，许多允许露营的郊野公园、野地也被广大露营爱好者带着火了起来，但是由于基础设施不完善，每到节假日都会出现拥堵现象，有些市民为了抢占好位置，甚至起得比工作日还要早。而营地内，卫生间间隔较远、垃圾清运不及时、用水用电不方便等配套设施不完善问题也同样让人烦恼，问卷调查数据显示，市民在露营活动中遇到最多的问题依次是：没有卫生间、用电困难、用水困难、环境卫生等问题。可以看到，目前的露营地配套设施较为简陋，无法满足市民露营需求，影响出行体验。城市及周边具有更多露营空间、更完备的配套设施满足休闲露营需求，成了不少市民的期盼。

三、露营地管理服务滞后，安全事故和不文明现象频发

虽然目前露营发展速度较快，但仍处于起步阶段，管理方面还存在一定滞后，这就导致了露营中安全事故和不文明现象的发生。特别是安全问题，问卷调查显示，59.27% 的市民在选择露营地时，首要考虑的条件就是安全性，而现有大部分营地管理者缺乏安全意识，没有相应的应急处置措

施，也没有做好安全露营、文明露营的宣传引导工作。进入 6 月以来，南京发生多起因露营引发的火灾；而去年底，杭州一男子在露营时因一氧化碳中毒身亡；北方某沙漠亲子营地一儿童在做游戏时发生骨折，最终被定为十级伤残；还有些地方成了"一次性"营地，市民走后营地散落的垃圾堆成一座座小山，竹签、果皮纸屑、塑料袋等随手扔在草地上，对环境保护以及游客体验都造成了不良影响。

四、专业性露营地与大众露营需求不匹配

露营的快速发展，带动了国内露营地企业的快速增长。根据艾媒咨询发布的研究报告，2014 年至 2021 年，中国露营营地市场规模从 77.1 亿元增至 299 亿元，预计 2022 年增速达 18.6%，市场规模达 354.6 亿元。截至 2021 年 10 月 15 日，中国有超 3 万家露营地企业，2020 年和 2021 年分别新增超 8000 家和超 15000 家露营地企业。并且国家标准化管理委员会早在 2016 年就已发布了《休闲露营地建设与服务规范》，其中明确规定了露营地选址、布局、功能、服务设施、服务质量、安全保障等多方面标准。2019 年，文化和旅游部也发布了《自驾车旅居车营地质量等级划分》，并组织开展评定。但实际执行中却不尽如人意。

据问卷调查，露营对多数市民来说只是一项休闲娱乐活动，很多时候不需要过夜，也不需要专业化的装备，只需三五好友聚在一起，亲近自然，享受周末时光就好。但当前经营性的专业露营地费用过高，无法被大众游客接受，大量有开展露营条件的公园又不允许扎营，所以市民不得已只能扎堆选择缺乏服务、设施相对简陋的郊野公园或野地露营。而从露营地企业角度来看，专业化露营地因前期投入较高，又无法降低费用对民众开放。城市公园则考虑到露营区不能有效提升收益，且存在安全隐患，故提供露营地的积极性不高，这就产生了当前群众需求和城市旅游服务供给不匹配的问题。

五、补足城市休闲旅游服务短板，解决城市露营难

（一）加大营地供给

露营的火热发展，体现出了广大群众日益增长的对美好生活需要、对休闲娱乐的需要,《“十四五”旅游业发展规划》明确指出，要推动更多城市将旅游休闲作为城市基本功能，充分考虑游客和当地居民的旅游休闲需要，科学设计布局旅游休闲街区，合理规划建设环城市休闲度假带，推进绿道、骑行道、游憩道、郊野公园等建设，提升游客体验，为城乡居民“微度假”“微旅游”创造条件。所以针对城市露营难问题，首先要做的就是加大营地供给，一方面，对自然资源保护区、环境保护区等不适合开展露营活动的地区，要对游客进行疏导，加强自然资源的保护。另一方面，在城市建设中，也应充分考虑当前群众需求，把露营用地纳入城市公园建设规划，已经建成的城市公园，可以根据实际情况，对公园升级改造，提供露营用地向市民开放。

据了解，目前广东、四川等地部分城市公园已经开始开放露营试点：从 2022 年元旦起，广州第一批 24 个公园绿地开展帐篷区试点。结合市民游玩需求，有条件的公园划定专门区域供市民游客搭设帐篷，开展各项亲近自然的活动，给市民一个更优质的公园生活和宜居宜游的美好休憩空间；成都市公园城市建设管理局相关负责人表示，近年来，陆续接到市民关于增设露营点位的建议。目前，成都市公园城市建设管理局正在市内的公园和绿道开展试点工作，划定指定区域设置阳光帐篷区，供市民露营搭帐篷使用。

（二）完善服务和配套公共设施

许多公园不开放露营是因为受环境保护和安全隐患影响，增设露营地

势必会增加公园管理负担。所以在增设露营地的同时，可以提供相应的配套设施，例如提供餐饮服务、停车管理、娱乐设施、水电供应、垃圾清理等，并以此为公园增加收入，进而为露营地管理和维护提供资金支持。这样，不仅市民的露营需求可以得到满足，市民的露营体验感也能得到提升，公园的休闲娱乐功能也更加完善。针对节假日人流量暴增情况，要利用智能化手段避免游客扎堆聚集，利用大数据监测营地实时客流量，做好流量引导，控制公园内露营人数，通过公园信息渠道和新媒体等方式，对外公开发布营地情况，引导市民及时调整出行活动，避免超出营地最大承载量，影响市民露营体验。

（三）加强营地安全文明管理和引导

在满足人民休闲娱乐的需求时，我们也应看到露营中出现的不文明行为。有些露营地游客走后“满地狼藉”，还有在露营时随意用火用电，很容易引发安全事故。所以在开放露营地的同时，要配合出台管理办法，一是要加强营地内的安全建设，建立应对各种突发情况的应急预案，如治安问题、设备安全事故问题、自然灾害等，二是要完善安全设施建设，例如在营地内主要位置设置监控，在易发生危险的地区设立警示牌等，守牢安全底线。三是针对市民、游客的行为也要进行监督管理，入营前先将管理规范和市民讲清楚，在露营时发现不安全、不文明行为及时制止，倡导安全露营、文明露营。

全国甲乙级旅游民宿蓬勃发展带动新农村建设成效凸显

（李德春，2023 年 7 月发表于《中国旅游报》）

目前，文化和旅游部正组织开展 2023 年全国等级旅游民宿实地评审工作，这是《旅游民宿基本要求与等级划分》标准实施以来的第三批次评定。目前全国已获评的甲乙级旅游民宿 129 家。本届甲乙级旅游民宿评定中全国各地踊跃申报，热情很高。前不久，笔者跟随专家组，赴陕西、湖北两地开展现场复核，并对甲乙级等级旅游民宿情况进行了实地调研。在调研过程中深切体会到，甲乙级旅游民宿不仅对当地旅游消费、经济发展促进作用明显，而且对乡村振兴特别是新农村建设产生了积极影响。

一、吸引投资，稳增就业

民宿投资和星级酒店投资有着不同的规律，需要因地制宜、具体问题具体分析。对一些地方来说，民宿投资以其“灵活”特点，更加契合当地经济社会发展实际，因此，这些地方通常积极鼓励发展民宿，特别是高品质民宿，对创评全国甲乙级旅游民宿给予政策倾斜，甚至出台了相关奖补措施。今年的全国甲乙级旅游民宿评定申报，一些地方出现“排队申报”的积极局面。

开办民宿是一条不错的创业出路。在乡村振兴战略引领下，在大众旅游的时代背景下，开办民宿不仅能得到政府的鼓励支持，还能以较小的投入较快获得成功。据统计，民宿主人开办民宿的初衷，“单纯热爱民宿”的占比最高，达到66.76%，“回归乡村梦想”占比43.36%，“回乡创业”和“喜爱民宿生活方式”的占比也较高，分别占到37.51%和34.76%，其中，不少是毕业大学生、回乡小能人、乡村企业家等。如湖北恩施某民宿，这家民宿的创办起缘于4个年轻人的一次共同出游，他们被当地的自然美景、风土人情所吸引，遂产生了在当地开办一家民宿的想法，这样的投资想法与当地旅游发展的规划相契合，得到当地政府的鼓励与支持，于是一家符合年轻人蓬勃朝气的乡村民宿便很快诞生，不久之后，又在不同地区开了分店，截至目前，该民宿已有多家分店在营在建。

二、促进旅游，带动消费

民宿是展示当地旅游资源及乡风民俗的窗口。自然风景、文化底蕴、休闲生活、特色建筑、回归山野乡村是民宿的主要卖点，站在消费者角度，不会为民宿而去住民宿，而是更多关注当地旅游资源及民俗风貌。某地旅游资源独特引人，而当地正好有这样一家“依势而建”的民宿，自然就会成为游客住宿的首选。民宿通过抖音、小红书等网络平台宣传时，多以周边旅游资源来吸引游客，提供民宿周边景区景点指引、观光建议、农牧林特产、非遗特色等信息。例如，神农架林区的某民宿，在网络宣传中，介绍了民宿主人故事、乡俗故事和经营设计，多方面展示了神农架林区的生态美景、制茶饮茶文化、果酒酿造、碳熏腊肉等特色内容，引来了远方的游客，这个仅有7间经营用房的小民宿，2022年全年营收就达80余万元，还带动周边村民农副产品销售30余万元。

三、赋能乡村，振兴乡村

民宿在促进乡村振兴方面体现出诸多价值，主要包括盘活农村闲置资产，吸纳本地村民就业，改善周边生活设施，带动当地人创业，增加村民农产品销售，传承当地传统文化，带动外来资本投资乡村，促进政府增大投入改善乡村公共服务等。

发展民宿有利于盘活乡村闲置宅基地和空闲农用房。在所有已评定的甲乙级旅游民宿中，利用农村宅基地和村民自用房进行民宿开发经营的占比约 67%。通过调研了解到，很多地方在尊重群众意愿基础上，最大限度地盘活和利用村内闲置宅基地和空闲用房，创造性实施多种农村土地房屋流转经营模式。具体包括，鼓励群众参与发展民宿产业，利用自有的居住用房改造成民宿的“政府引导 + 村民自建”模式；政府支持农村集体经济组织与企业合作，村集体以土地、闲置宅基地、资金入股，由合作企业统一建设、统一运营，村集体参与经营利润分成，实现企业、集体双增收的“集体入股 + 企业运营建设”模式；鼓励社会资本参与发展民宿产业，政府给予外围服务保障，促进优质资源与企业资本高效嫁接、有效互补的“企业投资 + 政府服务”模式等。

发展民宿有利于推动乡居环境治理，促进乡村环境改善。生态优先、绿色发展是乡村振兴的首要理念，乡村振兴要符合乡村的实际，不能以破坏生态、污染环境的代价换取发展，各地在发展乡村民宿过程中，坚持好这一理念，实现了民宿产业发展与乡居环境改善双赢局面。陕西汉中某村，利用突出的生态资源发展乡村民宿产业，以此为牵引积极推动村落环境治理，将入村道路拓宽升级，改造成沥青路面，方便游客进入，也方便村民出行，同时结合实际修建排污系统、小型污水处理站和可再生利用资源回收站，实现污水就近处理、垃圾分类、资源再利用等。湖北宜昌某村，充分发挥当地石材建房的传统建筑风格，在民宿房屋设计中充分保留原始风貌，使村落整体景观和谐自然，同时，企业以打造绿色休闲度假区为牵引，拓展和升级周边乡村道路、添置垃圾桶、新建垃圾回收点等公共设施，推进乡村垃圾分类、资源利用，发挥企业的良好公益作用，在不改变村落原有格局基础上，促进乡村基础设施提升和人居环境改善。

发展民宿有利于促进村民能力素质提升，带动村民就业致富增收。民宿的发展提供了管家、主理人、农特产品外销、餐饮服务等多种就业岗位，为农村剩余劳动力在家门口就业提供了条件，许多乡村更是吸引不少毕业大学生回乡创办民宿，为乡村振兴注入了生机和活力。村民提升了服务意识。为适应岗位需求，村民会主动配合政府与企业，接受住宿服务的新理念与标准要求，积极参与各项技能培训，接受考核，凭证上岗，甚至取得金牌管家、优秀主理人的资格，呈现给游客的不再是村民原始的淳朴与憨厚，而是热情与专业。许多村民在积累一定经验后，自发地利用自家资源经营民宿，从打工人转变成个体老板，以同样的服务标准进行民宿经营，增加收入。陕西某县利用这种模式，短短几年间就创建创业孵化基地5个、乡村创业综合体6个，带动创业就业1700余人。

四、促进产业，惠及民生

民宿的产业延伸作用明显。优秀的服务品质是吸引游客的保证，等级旅游民宿的品牌辐射带动作用明显，能迅速带动起一些地方的民宿产业发展，并且新发展起来的民宿都能以甲乙级民宿的标准为参照，整体提升当地民宿的建设水平和服务质量。湖北某地的“星野”甲级民宿，在其被评为甲级民宿后的1年多时间里，带动周边新建几十家民宿，并且都积极以“星野”的建设标准和服务标准为参照，持续不断地改进提升服务质量和建设水平，使得当地民宿的发展水平得以整体提高。创评甲乙级民宿，不仅对民宿产业自身有推动作用，而且可以积极辐射其他产业发展，像交通、餐饮、零售、文创等产业。另外，许多等级民宿在运营期间都有回头客定向采购土鸡、土猪、土蜂蜜、香菇木耳、蔬菜等当地土特产品，不仅促进了村民增收，更持续推动了当地农牧养殖业发展。

民宿有利于涵养休闲旅居生活模式，缓解紧张焦虑情绪。当下，城市生活让人们面临高强度的工作压力、快节奏的生活，难免产生紧张焦虑情绪，许多人喜欢旅游，喜欢住民宿，就是想让自己慢下来，在嘈杂中找到一份宁静。对于民宿主，主人故事和建宿初衷能反映其精神面貌和生活态度。他们常常这样说，“经营民宿谈不上为了挣钱，就是为了享受宁静的生活”；“经营民宿是为了认识不同的人，交到不同的朋友，与他们互动，分享各自的开心和不开心”；“经营民宿是对家的坚守，让父母不再为儿女远行而担心，能常伴家人左右”。对于游客，喜欢一家民宿，就是喜欢主人的生活方式，认同主人传递的价值理念，在漫漫旅途中能有个地方像在老家一样温暖，可以轻松自在、放松心情。在回访一家甲级民宿的时候，主人的精神面貌与建宿之初有天壤之别，已从建宿之初的青涩变得成熟稳重，爱学习、爱思考，其在经营民宿过程中找到了自信，生活也有了方向，民宿主人还抽时间学会了茶艺、面点、酿制果酒。听了主人的自述，能够感觉到，他们理解了生活，学会了生活，找到了自己的定位。

当然，甲乙级旅游民宿带来的积极影响不仅仅是以上种种，在促进非遗传承、青少年研学等方面也都有明显的作用。

多措并举　推动露营旅游可持续发展

（张薇，2024 年 2 月发表于《中国旅游报》）

近几年来，露营凭借其亲近自然、自在野趣、短途便捷、时尚新颖等特点迅速破圈，受到都市人群的热捧，呈井喷式发展。但 2023 年以来，随着疫情防控平稳转段，旅游行业快速复苏，露营旅游市场迅速回落，看似没有那么“香”了。在露营爆发式增长与潮汐式消退的背后，到底潜藏着怎样的流量密码，未来的露营旅游前路几何，成为行业关注的热点。

一、从爆发式增长到潮汐式消退

露营最初起源于美国，1910 年美国露营地管理者协会成立，标志着露营的兴起。据有关统计，房车露营占北美地区露营市场比重超过 50%。我国露营市场起步较晚，自 20 世纪 90 年代开始，一些户外徒步爱好者自发组织徒步登山露营等活动，露营旅游有了初步发展。2010 年以后，随着房车的兴起，露营逐步进入增长期。

2014 年以来，露营受到前所未有的重视，行业发展政策相继出台。2015 年 10 月，国家标准化管理委员会发布了《休闲露营地建设与服务规范》国家标准。2019 年 9 月，文化和旅游部发布了《自驾车旅居车营地质量等级划分》行业标准，并在全国范围内开展自驾车旅居车营地的评选工作。地方层面，2015 年 7 月海南省印发了《汽车旅游营地建设与服务规范》，2019 年 4 月贵州省发布了地方标准《山地旅游　第 8 部分：汽车露营地设施与服务规范》，2020 年 6 月新疆维吾尔自治区发布了《森林公园露营地建设与服务规范》，2020 年 6 月广西壮族自治区发布了《汽车旅游营地星级划分》，2020 年 9 月四川省攀枝花市发布了《康养旅居地汽车露营地建设、服务与管理规范》，2022 年 8 月山西省发布了《自驾车旅居车营地旅游服务指南》，2023 年 4 月浙江省舟山市发布了《海岛休闲露营地建设与服务规范》，2023 年 7 月黑龙江省发布了《寒地自驾车营地建设规范》。随着一系列地方标准的出台，露营进入了规范发展的快车道。

在政策的支持与市场的追捧下，疫情期间露营得到了爆发式增长。主打轻奢时尚的精致露营更是风靡一时。截至 2022 年年底，我国露营相关企业达到 7.7 万家，其中 5 万多家是在 2020 年以后成立的。2022 年露营市场总规模突破千亿元，是 2019 年的近 7 倍。

然而，2023 年春天，多位露营地从业者坦言整体客流量下滑超过 50%，多家露营企业歇业或转型。截至 2023 年 9 月，数据显示，即使是旅游旺季，露营市场也仅达到 2022 年同期的一半。断崖式下滑的背后，露营到底经历了什么？

二、跌宕变化背后的原因

露营作为一项新兴的旅游方式，过去几年的表现可谓是备受瞩目，但随着疫情政策全面放开，这股火爆的风潮似乎已经熄灭了。缘何如此，我们尝试着做个分析。

（一）为何爆火

外在因素：露营潮的兴起主要是在疫情期间，当时因长途出游受限，短距离、轻便型、亲近自然的城郊休闲活动广受欢迎，露营乘势而起。与传统的旅游形式不同，露营作为一种城郊周边微度假的旅行方式，更注重自然野趣与极致放松感。随着自驾车保有量逐年攀升以及城市生活压力的逐渐加大，走向郊外、追求纯粹的自然疗愈，使露营成为户外活动的首选。露营承载着人们对自然生态与美好生活的向往，满足了人们社会交往与自在放松的双重需求。加之小红书、知乎等社交媒体的推波助澜，露营需求呈现爆发性增长。

内在因素：露营市场需求的刚性增长也刺激露营产品的多元化发展。为满足游客多样化的需求，部分企业看到商机，以“内容型”营地为发展方向，露营业态持续丰富，不断推出“营地 + 景区”“营地 + 田园”“营地 + 研学”“营地 + 演艺”等露营新玩法，成为广受欢迎的亲子、聚会等户外休闲活动新方式。

（二）缘何消退

外在因素：2023 年以来，旅游方式的多元化压缩了露营消费的时间与空间，跨省游、出境游等远程旅游市场的恢复对露营旅游市场产生了较大的冲击，客流量大幅下降，直接导致部分露营地客流下滑。

内在因素：前几年，露营在短期内爆发式崛起，产品品质参差不齐，服务质量差强人意，如产品单调，业态缺乏，停车混乱、收费随意、卫生不佳、环境脏乱、服务缺失，质价不符等问题层出不穷，带给游客糟糕体验，赶时髦凑热闹的游客尝鲜后诟病不少，负面评价也打消了部分观望的游客对露营的向往。

同时，露营产品的同质化现象比较严重，不同区域的露营千篇一律，缺乏具有持续吸引力的特色产品，游客期待的感觉与现实体验存在差距，导致露营成为一次性消费。部分营地经营业主也存在“跟一时、挣快钱”的思想，对提高产品品质和服务质量认知不足、提升不够。

三、如何实现可持续发展？

经历了疫情后的洗牌，当露营旅游回归到正常发展状态下，如何实现持续发展？笔者认为，如果露营只是旅游受限时一种替代的休闲娱乐方式，那么在旅行便捷的当下，露营热很难持续下去。如果人们在露营的过程中能真正体会到亲近自然、轻松愉快，既是一种自由自在的生活方式，也是与朋友相聚充满野趣的时尚空间，那么露营仍然具有创新与发展的可能性。从长远来看，尽管当下露营需求大幅下降，加之市场竞争激烈、服务质量存在问题等原因，城市近郊帐篷露营与公园露营受影响较大，面临着严峻考验。但在全国汽车保有量高，人口基数较大，居民旅游需求不减的当下，露营仍然保有强劲的生命力，具有较大的发展潜力，但也需要在丰富产品和提升服务等关键点上持续发力。

（一）丰富产品类型，促进融合发展

当前，“一棵树”“一片草坪”“一顶帐篷”的粗放式经营已不能满足消费者多样化的露营需求。需要通过“营地 +”模式，针对不同消费群体开发具有不同特色的露营产品。如，针对学生群体，推出“露营 + 研学”产品；针对家庭团体，推出“露营 + 亲子”产品；针对年轻人，推出“露营 + 音乐节”“露营 + 特色集市”等产品。通过营地与其他旅游业态的融合，提升营地的整体经济效益，形成叠加的综合体验，促进营地与其他旅游业态的迭代升级，实现可持续发展。

（二）全面贯彻标准，规范行业管理

现阶段露营行业仍处于起步期，部分露营地的安全管理、经营资质等尚不完善，配套设施、餐饮品质及服务质量参差不齐。建议加大对《休闲露营地建设与服务规范》国家标准、《自驾车旅居车营地质量等级划分》行

业标准等的宣传贯彻力度，各地可根据本地露营产业发展情况制定相应的规范标准。促进营地完善各类安全保障设施、应急救援设施及医疗服务设施，进一步规范供电、供水、逃生等基础设施，推动露营地以及露营企业向规范化和标准化方向发展，引领露营类产品服务提质升级。

（三）完善公共服务，提升露营体验

随着自驾游的蓬勃发展，汽车露营还会成为旅游新风尚。但应该重视的是，露营公共服务亟须完善。如垃圾无处投放，大小的车随意停放，找不到干净的厕所，没有交通标志指示，缺乏安全保卫方面的设施与保障，突然生病或受伤难以就医，发生特殊状况无法实现紧急救援等问题层出不穷，大大降低了游客的出行体验。当前高速公路的服务体系主要集中在服务区，如果能将高速服务区及沿线服务与露营地公共服务实现共享将是公路公共设施与多样化市场需求充分结合的重要破壁。在国土空间规划中，对未来公路建设考虑留存自驾营地用地储备，对已建设高速公路及旅游公路沿线靠近城镇的地方增设汽车营地，充分发挥国家公路体系的旅游功能，既满足了人民追求路上美好生活的梦想，也实现了国家公路的多业态与多收益模式。

（四）培育专业人才，提升服务质量

人才短缺是露营行业的发展瓶颈之一。由于行业刚起步，部分露营经营者跟风入局，因缺少相关从业经验，服务人员专业技能与管理能力不足，导致各地露营产品的服务质量存在较大差异。对此，建议尽快出台露营服务考评指标，由协会等相关组织常态化开展专业化人才培训，推行规范化服务，增加个性化体验性服务。通过校企合作，订单培养，共同加大对露营专业人才的培育力度，打造与行业发展相适应的高质量人才队伍。

高质量发展背景下旅游民宿提质升级的八个支点

（刘孝蓉，2023 年 4 月发表于《文旅中国》）

高质量发展是全面建设社会主义现代化国家的首要任务，是中国式现代化的本质要求，也是体现新发展理念、满足人民日益增长的美好生活需要的重要路径。推动旅游业高质量发展，就是要推动资源开发由粗放式向集约化转变，鼓励产业发展由资源依赖型向市场导向型转变，引导服务由标准化向精细化个性化并重转变，促进产品从注重数量向提升质量转化，实现产品由低附加值向高附加值转化。

近年来，在市场推动和政策支持的背景下，旅游民宿获得蓬勃发展。据不完全统计，当前全国旅游民宿总量约达 20 万家，其主要分布在广大乡村地区。旅游民宿的高质量发展，既是助推乡村振兴的重要抓手，又是促进文旅消费的有力手段，更是乡村文旅融合的重要路径。但目前来看，我国旅游民宿的发展仍面临管理机制不顺畅、证照办理有障碍、公共配套待加强、食卫安全存隐患、文化内涵待挖掘、服务水平待提升、运管人才缺口大等诸多问题。若要推动旅游民宿高质量发展，可从以下八个方面尝试创新，推动改革。

一、创新体制机制

当前，各地旅游民宿的监管主体存在差异，由于权责不清出现监管盲区滋生了一些行业不规范现象。为对应解决这一问题，各地可加快完善行业管理机制体制，厘清监管边界，明确职责，统筹做好旅游民宿行业监管工作。如借鉴国内外先进经验，组织由发改、财政、住建、公安、消防、市场监管、农业农村、文旅、卫健、生态环境、税务、金融等多个部门组成的联合工作小组，加强对旅游民宿的食品安全、社会治安、污水排放、消防安全、紧急救援、市场秩序等管理现状的综合排查，厘清各部门职责，在各部门各司其职的基础上实现统筹管理服务。同时，各地可简化审批手续和审批要件，解决办证难问题。联合公安、消防、市场监管、卫健等相关部门围绕旅游民宿开办和审批形成一站式服务，明确旅游民宿治安、消防安全和特种行业许可证的审核发放程序，打通消防安全验收和特种行业许可证办理、住宿实名登记系统接入等方面的“最后一公里”。此外，在投资融资、人才引入等方面，需要加快出台资金奖补、税费减免、专项补贴等优奖政策，为切实解决民宿生存发展提供“订单式”帮扶。

二、创新金融支持

调研显示，当前旅游民宿的投资以民营资本为主，占比超过 70%。但民宿业主在改善公共服务、增加业态、提升民宿品质、促进宣传等方面，资金缺口较大。而旅游民宿一旦形成品牌，收益是稳定的。因此金融机构可以因地制宜、因时制宜设计不同的金融产品对应于不同旅游民宿的信贷需求，将能实现共赢。如推出旅游民宿专项小额贷款，提高旅游民宿信用贷款投放比例，放宽贷款门槛，在贷款利率上给予适当优惠。拓宽旅游民宿经营权或将经营收入作为抵押担保，尝试破解旅游民宿贷款难的问题。政府或协会可积极创造条件开展金融机构和旅游民宿业主银企对接活动，并采用政府贴息的方式鼓励开办民宿。同时政府对社会资金投资旅游民宿给予一定的税收减免或奖励。还可通过国有参股、集体入股、农户以房屋作价入股或农企合作租赁经营等形式，共同组建旅游民宿经营管理公司，构建资源整合和融资平台。

三、创新土地供给

目前，我国农村地区约有 25% 的住房常年处于闲置状态，很多适宜开发民宿。但由于缺乏科学规划引领，常面临两种状况，一则是因为资金不足和经营理念滞后，由本地村民经营开设的民宿品质整体偏低；二则由专业团队打造的民宿在营造、装饰、服务等方面更胜一筹，但由于农村土地的集体所有制导致房屋产权问题成为限制外来民宿投资与建设的主要障碍。综上，要破解专业营运与土地产权统一难的问题，可尝试由村镇等集体成立旅游民宿运营管理公司，聘请专业管理人员，统筹租用当地不同闲置时段、闲置片区的房屋，通过村民房屋入股、村民参与工作的方式，统一开发和运营民宿，以月租、季租或年租，整村租、整栋租或散户单房出租等各种灵活的方式分类盘活利用各类闲置房。

同时，深入探索旅游民宿土地利用改革创新，为非永久性占用的土地提供更宽松的利用条件，探索利用集体用地灵活解决公共配套服务建设用地等问题，支持旅游民宿周边区域的旅游休闲设施建设，如停车场、公共厕所、游览步道、健身场地、公共休闲活动场所等，这些公共空间设施可以村集体的资产入股的形式，参与后期的经营收益分配。

四、创新服务品质

一是提升公共服务水平。当前，我国旅游民宿多分布在乡村山野，公共服务配套设施相对不足，公共交通、快递服务、无线网络覆盖、停车场、医疗室、生活便利店等条件较为受限。在全面推进乡村振兴战略下，结合农村人居环境综合整治契机，应加快打通旅游民宿点道路连接、推动旅游厕所、停车场、游览步道、骑行绿道、健身设施、生活超市、快递点、便利店、药店等生活配套服务设施的设置，不断提升基本公共服务均等化、普惠化、便捷化水平，为度假游客提供更加舒适的旅居体验。

二是提升旅游民宿服务质量，兼顾规范化和个性化。旅游民宿从业人员多为当地村民，服务理念和服务水平参差不齐，需要定期组织人员培训活动，持续提升旅游民宿服务人员的综合素质。强化民宿管家、民宿主人等中高端管理人员的统筹协调本领，从而全面提升旅游民宿专业化与标准化服务水平。此外，除了保障民宿服务品质，彰显民宿特色，有温度、个性化的服务也必不可少，突出乡土人情味，也是体现民宿亲和力、呈现本土品牌理念的重要方式。

五、创新运营管理

经笔者实地调研，发现我国旅游民宿业主大部分采用自主经营的方式，旅游民宿运营管理知识学习途径较为零散。为提升旅游民宿整体服务质量，各地可依托旅游民宿行业协会及相关组织机构开办旅游民宿管家乡村学校，积极培育本土服务人才与运营管理专业人才，并通过引入外来专业运营团队，探索专业化、品牌化、规范化的旅游民宿运营管理模式。同时，针对旅游民宿业主需不断强化其自律意识，培养其社会责任，鼓励其在保护生态环境、复兴地方文化、促进当地村民就业等方面积极作为。值得注意的是，在身份认证、安全监管等方面，旅游民宿经营主体须按照国家相关安全标准与规范对设施进行提升整改，保障为消费者提供服务质量好、安全系数高的旅居环境。

促进旅游民宿的智慧化管理，创新旅游民宿专业管理系统和软件的开发与运用。各地应积极完善民宿大数据系统，搭建专业平台机构将分散式信息整合起来，实现旅游民宿经营者、主管部门与研究者之间的数据共享，为旅游民宿实施精准营销与客群管理提供有力支撑。同时，不断强化数字化赋能，为旅游民宿引入元宇宙、人工智能等新技术，有序提升信息登记、常规服务、特色体验等智能化水平。

六、创新产业联动

旅游民宿不只是承载住宿与游玩的载体，也是将地方产业与地域文化深度融合的重要媒介。一方面，可通过“旅游民宿 +”产业的方式，不断延伸旅游民宿旅游产业链，以旅游民宿为节点，实现农业、工业、服务业“接二连三”上下游联动，依托农事体验、农业景观、农产品销售、工业品制作和销售等，将旅游民宿作为销售地方农土产品、名优特产的开放空间，作为地方特色工业品的宣传展示与销售平台，作为农业、工业文化和节庆参与和体验的娱乐平台，实现多业态纵深融合，激发旅游民宿新活力。另一方面，各地可结合本地民俗文化，将文化、体育、旅游等多要素融合，以乡村文化与旅游民宿的联动发展推动乡村文化振兴。如充分发挥“旅游民宿 +”的优势，开发户外运动、体育活动、文娱活动等多元主题活动，通过徒步、漂流、溯溪、探险、垂钓、种菜、采摘、抓鱼、烹美食、做手工等互动性较强的活动，延长游客停留时间，打通消费产业链。深入挖掘本土文化，将当地人文典故、乡土民俗、传统工艺、非遗产品、传统体育活动等融入旅游民宿，培育一批凸显地域文化特色的优质主题旅游民宿……总之，通过创新发展“非遗 + 旅游民宿”“手工艺 + 旅游民宿”“节庆 + 旅游民宿”“地方美食 + 旅游民宿”等方式持续丰富本地民宿业态内容，将旅游民宿打造为以风景为基础，以美食为特色，以文化体验为媒介，以生活方式为核心吸引物的休闲度假新空间。

七、创新品牌塑造

当前，旅游民宿主要通过短视频及社群传播等方式开展营销。乡村民宿在多媒体运用方面具有代表性，对乡村文化传播带来了积极效应。调研中发现，64% 的旅游民宿通过网络预订及销售，通过短视频营销的旅游民宿占比37%，而广受游客欢迎的，均是开展持续营销的知名旅游民宿品牌。旅游民宿可充分利用地域优势，配合区域旅游整体形象，凝练自身特色，契合游客消费诉求，形成便于传播记忆的形象口号，构建与自身气质相契合的旅游民宿品牌。同时，充分利用新媒体平台，持续更新富有吸引力的内容，围绕热点事件和市场趋向，结合多媒体矩阵，不断创新营销方式，塑造旅游民宿品牌。

近年来，文化和旅游部市场管理司连续开展全国等级旅游民宿评定工作，目前已推出两批共 129 家甲乙级旅游民宿，获得市场极大反响，成为全国旅游民宿市场中的“明星品牌”。经调研反馈，发现大众一般认为被评定为国家等级旅游民宿，在证照齐全、安全卫生、管理规范、特色凸显、服务品质等方面具有较高保障。事实上，国家标准《旅游民宿基本要求与等级划分》（GB/T 41648-2022）的出台对规范旅游民宿市场管理，提升旅游民宿服务质量，凸显国家级品牌价值创造了有利条件。未来，随着评定工作的持续开展和深入人心，获得国家等级认定的旅游民宿将会获得更广泛的市场认同。因此，各地民宿可以积极参评等级旅游民宿评定，以打造等级旅游民宿品牌为目标，依托全国等级旅游民宿评定的权威性和影响力，进一步扩大民宿市场影响力和品牌号召力，扩大潜在游客心目中的品牌认知度，为推动旅游民宿高质量发展树立标杆和典型。

八、创新人才支撑

在实地走访调研中发现，各地旅游民宿蓬勃发展，但专业的旅游民宿运营管理人才十分欠缺。旅游民宿主人主要通过自主培养的方式获得人才，占总样本的 77%，通过联合学校开展旅游民宿人才培养的仅占比 6%。其中，通过旅游协会或其他社会组织培训占比 17%，通过政府相关部门组织培训占比 19%。面对旅游民宿快速发展背景下对专业人才的迫切需求，可通过以下 4 种方式来锻炼一支匹配度高、稳定性好、服务能力强的民宿管理专业人才队伍：一是通过国家职业培育渠道增加职业的认同度，探索将旅游民宿从业人员培训纳入人社部专业技术人才培养范畴。二是实现产校一体化的新型人才培育方式，探索建立企业需求纳入学校，学校走入一线企业共建实习实践基地的深度融合式人才培养方式。实现师生与企业员工身份互换式体验式学习，建立政产学研共建共享共赢机制。高校及职业院校开设旅游民宿管家等相关专业，大力培养不同层次和类型的旅游民宿服务人才与运营管理人才，并设立不少于半年的实习时间，让学生走入企业，提升学生的实操动手能力。三是开展全方位培训。由相关组织或协会定期举办地方性、全国性旅游民宿经营管理人才培训班，组织各地旅游民宿经营业主互动开展考察交流活动等。组织评定专家定期开展地方旅游民宿品质提升现场指导，不定期开展旅游民宿标准解读与旅游民宿产业发展等公益讲座等。四是建立人才激励机制。建立旅游民宿管家职业发展晋升通道，构建人才评价激励机制，拓展金钥匙管家等类似的职业成长空间，激发旅游民宿从业者内生动力，不断提升和完善自我技能。鼓励有一定酒店、餐饮、旅游、文艺等从业经验的本地人、城市居民和返乡人员投身旅游民宿产业，为旅游民宿产业发展持续注入创新活力。

尊重民间首创，绽放“村 BA”的光芒

（刘孝蓉、潘年景、冯桂菊，2024 年 1 月发表于《中国旅游评论》）

2022 年 7 月至 8 月，台江县台盘乡台盘村“村 BA”篮球系列赛事“村”味十足，火爆全网，现场万人，座无虚席，气氛热烈，网络传播量超过 15 亿人次，成了乡村振兴最美画卷之一，被誉为“观察中国式现代化的一个窗口”，成为群众文化新亮点。2023 年，贵州省首届“美丽乡村”篮球联赛总决赛、全国和美乡村篮球大赛（“村 BA”）揭幕式、贵州・台江台盘 2023“六月六”篮球赛、全国和美乡村篮球大赛（“村 BA”）西南赛区大区赛等赛事接连不断在台江县台盘村上演，持续燃爆全网，“村 BA”一年之间成长为“村—区域—全省—全国”赛事的经典案例，得到《人民日报》、新华社、央视等主流媒体密集报道，微信、抖音、快手等各类新媒体平台热捧加持，获得各路名人点赞推介，全面展现民族非遗风、乡村烟火气、盛世新景象，赢得国内国外的普遍赞誉，引发网上网下的广泛共鸣，形成炙手可热的现象级传播，颠覆业界认知，铸就辉煌传奇。截至目前，“村 BA”累计传播超 100 亿人次，不仅点燃了“村 BA”举办地台江县台盘村，也让全国观众再次感受到乡村体育的激情与魅力。

“村 BA”火爆出圈，不仅让全国观众感受到乡村篮球赛的热烈以及民族文化的魅力，还推出了一批“村宝宝”“66 篮球服”等文创产品和“鲤吻香米”等农特产品，跳火了一段以苗族芦笙舞和反排木鼓舞等民族传统元素为基础的“苗迪”，唱火了一首苗语版的《一生所爱》，带火了如施洞

苗文化旅游景区、五彩阳芳景区、锦绣长滩景区等一众景区。“村 BA”铸就文体旅融合发展新形态，受到各方广泛关注。

一、“村 BA”发展历程

（一）举办溯源

台江县总人口 17.3 万，苗族人口占 98%，被誉为“天下苗族第一县”。境内苗族 9 个支系由于生产生活习惯和居住条件的差异，形成了“三里不同装、十里不同俗”的文化特点和“大节三六九、小节天天有”的节日氛围。台江的民俗节日甚多，元宵节、祭桥节、姊妹节、爬坡节、龙舟节、祭秧节、吃丑节、吃新节、牯藏节、苗年节等 23 个节日贯穿全年。台江各族人民酷爱体育运动，每逢传统节日，村村寨寨都举办篮球、斗牛、斗鸟、抢鸭子、踩芦笙、唱苗歌等丰富多彩、形式各异的文体活动，已延续几百年甚至上千年。本次新媒体持续关注并走红的“乡村篮球”（“村 BA”），正是每年“六月六”苗族群众为预祝稻谷丰收而过的吃新节日里众多活动中的一项。

（二）路径演进

1. 烂漫发端

2022 年，台江县台盘乡台盘村举行一年一度的“六月六”吃新节，乡村篮球赛是其中最具人气的赛事项目，吸引了多达 176 支篮球队参加，十里八乡的人们蜂拥而至，聚集观赛，乡村篮球赛有了基本的人气基础。

2. 推波助澜

经过台江县积极协调争取，贵州省“美丽乡村”篮球联赛黔东南州半决赛全部转移到台盘村“网红”篮球场举行。顺应各方热切期待，当地宣传部门加强媒体引导，开启全网直播，该模式充分加密热度、传播流量，中央、省、州、县四级主流媒体和各级新媒体、自媒体视频号纷纷转载直播，形成全方位媒体矩阵。原生态纯娱乐的比赛方式，民族文化暖场展演，接地气奖品发放，观众互动参与等更多乡土元素，更大程度引发全网共鸣、点燃全民热情，形成炙手可热的现象级传播。

3. 提升延展

当“村 BA”已然形成品牌效应，其影响力已远远溢出台江范围，成为全州、全省乃至全国独特的体育现象和共同运动品牌。顺应广大网友的期待，台江县在全民健身日加入顺德与台江男女篮的跨省域交流，实现篮球赛季的完美收官。不一样的赛事呈现，跨省篮球赛的看点，进一步激发了全民对“村 BA”的广泛关注。至此，全网超 10 亿流量传播拉开序幕，进入系统思考“村 BA”品牌传播、探寻“村 BA”流量转化新阶段。

（三）后续发展

2023 年 6 月，农业农村部办公厅、体育总局办公厅联合发布通知，决定 2023 年在全国各省区市组织开展全国和美乡村篮球大赛（“村 BA”）。6 月 20 日，全国和美乡村篮球大赛（“村 BA”）揭幕式在台江县台盘村举行，这标志着“村 BA”已升级为一项覆盖 31 个省区市 2000 余个县的全国性农民篮球赛事，引发全民关注。

这个在贵州省黔东南州数十年未曾间断的乡村篮球赛，在过去的一年打破层层次元壁，快速发展。2023 年 7 月 15 日，传统的“六月六”篮球赛事在台盘如约举办，吸引了国际巨星巴特勒、马布里以及国内知名篮球教练杜锋，著名主持人撒贝宁、董倩等前来观赛，给“村 BA”加油助威，收获了又一波海内外关注热潮，开启了“村 BA”火遍全球的序幕。7 月 30 日晚，新一年的“村 BA”在“吃新节”龙腾虎跃的拼抢中收官。

二、“村 BA”的成功之道

（一）组织有力，是保证赛事成功的基础

2022 年以来，台江县加强协调、统一指挥、精准调度，成功举办了贵州省“美丽乡村”篮球联赛黔东南赛区半决赛、总决赛以及全国和美乡村篮球大赛（“村 BA”）揭幕式等赛事，积累起了丰富的办赛经验，建立健全了一套成熟的赛事体系、人力体系、安保体系等机制保障，组建了赛事策划、后勤保障、宣传引导等执行力强的一支组织队伍，具备赛事资讯发布、现象研究分析、商务合作发展、媒体宣传推广、综合协调保障等功能架构，高质量保证各项赛事相关工作迅速落地、圆满开展、高效传播，实现持续出彩。

（二）体育赋能，是助推文体旅产融合的关键

“村 BA”出圈以后，台江县紧抓时势，坚持“以赛扶产、以赛助旅”，打造文化旅游新地标和网红打卡新名片、乡村直播带货基地、“中国村 BA 故乡”等品牌。推动乡村体育赛事与民间传统节庆、乡村文体娱乐活动、乡村旅游以及本地农特产品销售融合发展，将“热流量”转化为“体育赛事 + 传统文化 + 全民健身 + 农特产品 + 乡村旅游”多元融合“硬品牌”，促使“热流量”变成高质量发展“经济流”，实现文旅体融合“搭台”、经济赋能“唱戏”共赢效果。

（三）以赛彰文，是推动文化自信的核心

台江举办全国和美乡村篮球大赛（“村 BA”）揭幕式等赛事，在提供健康、向上、团结、奋发、和谐、友善的文化导向，弘扬社会主义核心价值观，传播中华优秀传统文化的同时融合体育竞技文化、民族非遗节庆文

化、乡土烟火气息。比赛休息期间穿插国家级非物质文化遗产苗族飞歌、侗族大歌、反排木鼓舞等民族歌舞表演，增强比赛趣味性和观赏性，展现文化融合，传承文化自信。创造性编演“苗迪”、编唱苗语版《一生所爱》《我和我的祖国》，展现传统的也是时尚的、民族的就是世界的时代风尚。让“村 BA”富有文化传承、乡愁记忆的价值意义，将“村 BA”转化成兼具乡村烟火温度和新时代文明图景的文化符号和精神密码。

（四）全民办赛，共创主客共建共享的舞台

台江县坚持“包容、开放、融合”办赛，把赛事作为激发全民体育精神、促进各民族交流交融的重要途径。全县人民齐上阵，政府工作人员全员参与，群众纷纷放下手上的农活，人人参与赛事或服务赛事，球员是老师、驾驶员、店铺老板、企业职工、建筑工人等，志愿者是他们，服务员是他们，裁判员也是他们，他们热爱家乡，热爱体育，奉献着自己的那份赤忱，共创体育舞台，传递体育的快乐给每一位游客。游客找不到住宿之所，就请到自己家里住；游客找不到车，就自己亲自送一程；每天提供给游客的五彩糯米饭、西瓜等，更让人目不暇接，少数民族人民热烈的情谊感染着来到这里的每一位球员与客人，全民办赛最终引发全民狂欢。全国各地的各民族球员和线上线下的观众，通过赛事增进了解，扩大友谊，互相理解，尊重文化，互敬互爱，凝聚爱国情怀，共享盛世美好。

三、“村 BA”的文旅经验与启示

（一）文体旅深度融合，球场变市场

“村 BA”将篮球比赛与民族文化融合，在增强比赛观赏性的同时，构筑起民族文化、乡土文化与现代文化之间碰撞出彩的沟通桥梁，带动了多彩黔货“出山”，成为乡村振兴的最佳“催化剂”。台江县文化底蕴深厚，

刺绣、银饰声名远扬，远销国内外，苗族飞歌、多声部情歌、反排木鼓舞广受欢迎。长期以来，台江着重开发民族文化旅游产品，开展苗族文化宣传，却不曾大火。“村 BA”犹如一条导火线，瞬间引爆了台江民族文化，大众体育与旅游产业被全面关注。

比赛间隙，邀请民间艺人、非遗传承人到现场表演，把苗族飞歌等富有民族特质的艺术作品搬到篮球场上，让观众现场体验体育竞技精神的同时享受到台江原汁原味的民族文化盛宴，使赛事具有更强的趣味性和观赏性，在接地气中聚人气、扬文化。

以牛羊猪、稻鱼鸭等特色地标产品作为比赛奖品增加乡村趣味性的同时，带动了特色农特产品的销售。锦绣台江农特产品特卖会将平台搭建到台盘“村 BA”篮球现场内外，现场直播售卖的同时，将台江鲤吻香米、生态鲟鱼、银饰制品、猫坡西瓜、方兴科技果蔬脆等丰富多彩的“黔货”作为优胜参赛队伍的奖品，借助体育赛事带动地方农特产品“出山”。

活动期间，举办地台盘乡酒店爆满，其中台盘大酒店、华鑫酒店等住宿酒店客房平均出租率达 100%，本地餐饮店苗秀乡味馆、球迷食府、侨家饭店、萍姐酸汤脆皮猪脚等 28 家餐馆门庭若市，消费者络绎不绝。文化旅游特色商品展销区内的农特产品、非遗手工艺品也吸引广大游客争相抢购，文化旅游特色商品消费大幅上升。“村 BA”实现文化体育旅游完美融合，成为助推当地产业发展与乡村振兴的最佳催化剂。

（二）新媒体塑造品牌，流量变留量

“村 BA”先后被《人民日报》、《新华每日电讯》、新华社等主流媒体宣传、报道、评论，央视东方时空、中央人民广播电台、央视五频道等纷纷关注报道，全国范围超 100 家新媒体平台转播、超 100 家传统纸媒报道评论、超 100 家新闻网站刊发刊载，并获外交部新闻发言人推特点赞。

在中央、省、州、县四级主流媒体的关注下，台江及时引导各级新媒体、自媒体视频号转载直播，形成新媒体全方位矩阵。以短视频和直播等

线上传播手段为媒介，用“嵌入、渐入、融入”的模式打造网红打卡点，进一步扩大“村 BA”影响力。

在多媒体平台的大力宣传推广之下，“村 BA”网络传播量超 100 亿，巨大的网络流量转化为现实的“留量”，全国各地的球员、球迷、游客蜂拥而至。一年以来，台江县共接待游客 200 余万人次，实现旅游收入 23 亿多元，远超过去各年份。

“村 BA”的走红进一步提升了台江县在国内外的知名度与影响力，为台江县招商引资创造了极大的商机。2022 年 7 月以来，全县共接待省外客商 83 次，引进江西一号、生生渔业等优强企业 13 个，引进产业资金 36.52 亿元，新增重点产业项目 37 个，投资总额 38.23 亿元。“村 BA”超越体育本身，综合带动效应凸显，成为带动县域经济发展的重要引擎。

（三）打造生活化文旅场景，网红变长红

赛季结束，台江县依托区位条件、自然资源和人文景观，深耕“村 BA”的文化旅游 IP，以台盘“村 BA”故乡为中心，辐射台盘集镇区域，联动阳芳苗寨的民俗文化，建设“以体富农、以文带农”的乡村文体旅融合发展新格局。

只有民族的，才是世界的，文化的价值是以民族自身认同为基础的。民族文化与体育赛事的融合发展，让“团结互助、包容互鉴”的民族文化价值在“村 BA”赛事中焕发蓬勃生机、彰显时代风采，展现出巨大感召力。

“村 BA”是台江村村寨常规的体育活动，这里的人们从小热爱篮球，不分妇孺，享受篮球运动带来的纯粹快乐，已将篮球融入生活中，成为生活的一部分。这里青山绿水的自然生态，悠然自在的生活方式，和谐友爱的生活环境，成为治愈都市焦虑人群的良药。来到“村 BA”现场的游客，很多是对简单快乐生活方式的向往，对纯粹公正篮球赛事的认同，对奋发进取体育精神的追求，被丰富多彩的民族文化感染。那些富有浪漫情怀的

"苗歌""苗迪"击中了传统的也是时尚的、民族的就是世界的、接地气的就是赚人气的时代鼓点，与当下人们的心灵高度契合。

从风景到场景，建设主客共享的美好生活新空间才是旅游场景的新风向。正是苗族人民的娱乐精神、苗族同胞的生活方式被广大群众认同、追随，并对如同异域秘境般超然的生活方式的认同和心理的感召，才吸引源源不断的游客来到台江，停留在台江，实现网红变长红。

（四）尊重民间力量，政府从首位到守位

随着台盘"村BA"与"美丽乡村"系列篮球赛影响力持续升温，台江县政府充分利用各村（社区）成立的青协、妇联、团委等基层群团组织对篮球等乡村体育项目进一步推广与普及，宣传、网信、融媒、文旅等线上线下发力，公安、交警、武警、民兵等常态巡逻值守，电力、通信、医疗、环卫等应急保障服务，县、乡、村三级志愿者现场引导维护秩序，形成现代基层治理下的良好比赛秩序。充分利用宣传标语、活动画册、乡村大喇叭、篮球院坝会等多种形式开展宣传，鼓励群众人人成为"村BA"的宣传者、志愿者、践行者，打造了乡村治理新样板。政府还进一步完善基础设施建设，对"村BA"场地进行改造，规划建设深山集市、深山音乐会、篮球训练馆、乡村民宿、康养基地等项目。在需要政府牵头的领域，政府主动作为，积极引导，塑造上下联动、左右协调的社会治理新格局。

同时，在村民自发形成、自主参与的领域，政府充分尊重当地群众的意见，比如群众不同意收取门票、不同意商业化运营赛事、拒绝外来资本介入球赛，都得到了当地政府的支持。政府在正能量的引导方面，永远处于首位；但在涉及群众利益与呼声的领域，只是做好守卫，不过多干涉赛事，充分尊重民意，只做活动的推动者而不是包办人，让这个群众自发的体育运动守住了原本的简单纯粹的快乐。

基于游客感知的景区智慧旅游服务研究——以H景区为例

（刘孝蓉、王辉，2019年5月发表于《贵州应用工程技术学院学报》）

2011年，原国家旅游局制定了中国旅游业信息化专项规划，指出要加强“智慧旅游”景区建设，同时鼓励现代服务业与高新技术产业相结合，利用科技手段提升景区的营销管理能力，提升整个旅游行业服务水平。年，提出“智慧旅游年”，重在鼓励和支持旅游产业尽快实现信息化、智慧化管理，旨在进一步通过政府导向，推动信息技术产业与旅游产业的现代融合，提高旅游管理的信息化水平。同时，随着居民收入水平和教育水平的大幅提高，以及移动通信的发展和移动支付手段的全面普及，为适应旅游市场的新变化，也亟须提升行业的“智慧服务”，以实现旅游业高质量可持续发展。

智慧旅游的前期研究，国内主要集中在智慧旅游概念、评价体系、景区建设管理等方面。叶铁伟及黄超、李云鹏等人认为智慧旅游是借助信息化手段，对旅游即时信息收集整理发布，为游客提供更便利的信息化服务和指导，对景区提供更及时有效、精准对应的信息化管理。党安荣、张丹明等提出“智慧景区”建设应从五个方面展开：一是以传感网、物联网及互联网为基础的信息基础设施建设；二是空间数据及属性数据的数据基础设施建设；三是以信息共享及应用服务为目标的共享服务平台建设；四是业务系统应用平台建设；五是用于综合分析及辅助决策的支持平台建设。智慧景区评价指标研究方面，邓贤峰、李霞指出“智慧景区”评价标准体系由游客体验、景区管理、旅游产品 3 个维度组成，具体包含 17 个二级标准、41 个三级标准。朱珠、张欣指出智慧旅游感知体系具有多方面的功能，主要包括三大板块：一是帮助游客解决信息查询、网络预订、自助导游导览等信息服务；二是帮助旅游企业实现资源管理、客流管控、远程监控等智慧化管理服务；三是帮助旅游行政管理部门实现交通疏导、安全管理、环境监测，应急调度等行政管理职能的信息化，提高管理效能。综上所述，目前国内对景区智慧旅游服务的研究相对较少，对具体景区游客智慧旅游服务感知的研究则更少见，但上述研究也为本研究提供了重要的参考。因此，本文以 H 景区为例，从游客感知的角度构建游客体验感知期望指标体系，采用问卷调查方式，通过游客感知体验结果分析景区智慧旅游建设成效，并提出相应的提升对策，研究结果可以为类似景区提升智慧旅游管理，提高游客满意度等方面提供思路借鉴。

一、案例概况

H 景区所属旅游集团于 2012 年下半年启动了智慧景区建设。H 景区智慧旅游建设主要分为四个板块，完成智慧景区基础设施建设、建成数据机房与指挥调度中心、建立互联网营销平台及推出电子门票服务。在智慧景区基础设施建设模块，景区历时 10 个月完成景区内 15 千米的主干光纤铺设，初步建成了以景区办公自动化为基础，以大屏幕、触摸屏等技术手段为载体，以多媒体技术和虚拟现实技术为表现形式的景区数字化系统。目前，由覆盖景区 220 个高清智能视频组成的监控已投入使用，50 个 SOS 报警按钮分布在景区内游客密集地。

在智慧景区数据机房与指挥调度模块，景区建成中心数据机房和指挥调度中心，该数据中心包含和实现了入口人流计数管理，出口人流计数管理，游客总量实时统计等。

在景区智慧营销模块，2013 年 9 月，旅游集团股份公司与天猫、去哪儿、携程、途牛等旅游电商平台开启交易数据共享，开创了贵州智慧旅游的先河。在3个多月的时间内便有1万多名游客通过线上订票进入H智慧景区游览，提高了游客购买门票的便捷性，节约了游客购票等候时间，受到游客的欢迎。其智慧旅游有限公司也推出了“快行漫游”的手机客户端，游客可以在景区官方旅游网或者游客中心扫描二维码，便可免费下载安装此应用，此手机客户端提供门票购买、酒店预订等内容。

在电子门票服务模块，景区使用电子门票系统，实行纸质门票与二维码门票管理制度，游客只需在网上提前预订门票，到达景区后就可在景区的自助取票机上利用二维码打印出票。

二、研究方法与问卷设计

游客感知通常是指游客对旅游地的总体环境、设施设备、其他条件等客观因素的心理反应。本研究采用的H智慧景区游客感知期望指标包括以下6个维度：智慧食宿，智慧交通，智慧导游，智慧导购，智慧娱乐，智慧化体验。同时，在具体期望指标的选择方面，对游客关注较高的方面进行了设计。具体期望指标包括：能通过LED显示屏等获取餐饮或住宿信息；餐馆、酒店等有无线局域网覆盖；有网上预订及交易平台；支持刷卡、在线支付等手段；有景区路况信息发布平台；有景区电子地图；有电子导游服务；提供便于用户交流的网络交互平台；有在线游览视频；有客户端软件等引导游客购买旅游纪念品；有环境健康质量监测系统；有宣传景区产品信息的微博、微信；有3D、4D平台展示景区景观；有智能化特色旅游商品；有景区宣传片播放点共15个。

本次研究采用问卷调查法来搜集原始资料，调查对象为到H景区旅游的游客，本研究问卷的设计共分为三部分：

第一部分包括游客的基本特征，主要是社会人口统计学因素，具体包括游客的性别、年龄、职业和月均收入等。第二部分是游客对景区总体体验效果的评价。第三部分是本问卷调查的核心内容，即H景区游客智慧旅游体验期望指标的测评部分，共15项指标。该部分主要是按照李克特五级量表对每一个期望指标测量两方面的内容，即游览前的期望指标的重要性认知程度和实际体验的满意度进行调查，重要性由低到高、实际表现由差到好分为5个等级，分别赋予1、2、3、4、5的分数，游客根据分值的高低来确定自己的感知程度，分值越高意味着指标重要程度越高，低分则相反。

三、数据分析与结果

本问卷于2017年4月15日在H景区进行实地调查，调研小组分别在景区的不同游客集中区域针对实地游客进行了调研和访谈，发放问卷总计220份，回收208份，回收率为94.54%；有效问卷196份，有效率为94.23%。

通过对景区总体旅游体验调查结果分析，可以发现大部分游客对景区总体体验评价是较好的，游客普遍对景区的景观效果、自然生态环境、基础设施建设以及对客服务的硬件设施等方面感到满意，总体认可景区的开发质量，对景区的观赏价值、科学价值十分肯定，对设施的管理和维护等方面也很认可。有些游客明确表示有重游意愿，并愿意将此景区推荐给其他人。但在智慧旅游服务方面，部分游客不太理解智慧旅游的服务包括哪些方面，有些服务在调查员解释以后表示没有感知到。总体来看，大部分游客对景区智慧服务的评价是一般或不满意的。具体统计结果如表1所示：

表1　H景区智慧旅游服务体验统计结果

选项	人数（人）	百分比（%）
非常满意	22	11.22
满意	27	13.78
一般	21	10.71

续表

选项	人数（人）	百分比（%）
不满意	79	40.31
很不满意	47	23.98

表 1 表明，当前 H 景区智慧旅游建设还处于起步阶段，智能化服务功能不够全面，服务体验效果较差。

游客对智慧旅游服务的期望是心目中期待智慧旅游景区应该提供的服务，其中期望值与体验值的差异，正是游客满意度的体现。因此，两者的差值正是智慧旅游景区未来营销和服务改进的方向。本文首先对游客的期望指标进行调研，针对问卷设计中的 6 个维度，15 项指标的期望值如下：

表 2　H 景区智慧旅游服务期望指标游客感知的重要程度排序

排序	智慧旅游服务游客体验期望指标	重要性均值
1	能通过 LED 显示屏等获取餐饮或住宿信息	
2	餐馆、酒店等有无线局域网覆盖	4.31
3	支持刷卡、在线支付等手段	4.22
4	有网上预订及交易平台	4.13
5	有景区路况信息发布平台	4.00
6	有景区电子地图	3.82
7	有电子导游服务	3.81
8	提供网络交互平台，供分享及交流	3.75
9	有在线游览视频	2.86
10	有客户端软件等引导游客购买旅游纪念品	2.83
11	有环境健康质量监测系统	2.72
12	有宣传景区产品信息的微博、微信等	2.70
13	有 3D、4D 展示景区景观	2.65
14	有智能化特色旅游商品	2.53
15	有定点播放景区宣传片	2.00

由表 2 所示的智慧旅游服务游客期望指标重要性排序结果，我们可以得出，当前旅游环境下，游客在智慧体验方面期望较高的是：能通过 LED 显示屏等获取餐饮或住宿信息，餐馆、酒店等有无线局域网覆盖，支持刷卡、在线支付等手段，有网上预订及交易平台，有景区路况信息发布平台等 5 个指标；其次有景区电子地图，有电子导游服务，提供网络交互平台供分享及交流等 3 个指标；而对于景区环境质量、景区营销方面及旅游纪念品的智慧化体验期望值则较小。可能原因在于，一是目前智慧化的建设及智慧旅游的推广等还处于较低水平，游客对智慧体验的理解层次还较低，更多的信息服务未被游客了解和广泛参与，多层次的服务游客还没有深入体验，因此大多数游客的主要期望表现为对景区满足基本旅游需求的智慧服务上。

基于游客体验的实际感知评价游客的实际感知，是游客对智慧旅游景区体验以后的服务质量评价，这个评价结果是游客满意度的直观体现，并直接影响游客的口碑传播和重游率，通过对实际感知的评价，能够准确地指导未来景区的管理。H 景区智慧旅游服务期望指标的游客实际感知评价情况如表 3 所示：

表 3　H 景区智慧旅游服务期望指标的游客实际感知评价排序

排序	智慧旅游服务游客体验期望指标	实际感受均值
1	能通过 LED 显示屏等获取餐饮或住宿信息	4.00
2	餐馆、酒店等有无线局域网覆盖	3.95
3	有网上预订及交易平台	3.83
4	有支持刷卡、在线支付等手段	3.62
5	有景区路况信息发布平台	3.56
6	有景区电子地图	3.51
7	有电子导游服务	3.32
8	能提供网络交互平台，供分享及交流	3.26
9	有在线游览视频	2.63

续表

排序	智慧旅游服务游客体验期望指标	实际感受均值
10	有客户端软件等引导游客购买旅游纪念品	2.61
11	有环境健康质量监测系统	2.55
12	有宣传景区产品信息的微博、微信等	2.46
13	有 3D、4D 展示景区景观	2.33
14	有智能化特色旅游商品	2.24
15	有定点播放景区宣传片	1.83

通过对表 3 所示的游客智慧化体验的实际感知评价分析，可以得出游客智慧化体验的实际感知评价小于期望值：实际感知指标中，景区游览场所和餐饮住宿场所的无线网络系统覆盖、网上预订及交易服务内容评分较高。其次是智慧便捷支付，有景区路况、停车场、天气等信息发布平台，景区电子导览系统等 3 项指标。从表中可以看出，这些内容是智慧旅游景区的基本功能，是游客容易感知和实际体验相对容易测度的选项，其他的期望指标得分均较低，这些现状一方面表明当前 H 景区对游客提供的智能化服务功能相对较少，在智慧化建设方面还处于较低水平；另一方面，也反映出 H 景区的智慧化建设在新形势下有较好的发展前景，针对游客的智慧化服务在信息接收广度，信息处理便捷程度，产品丰富度，服务个性化提升等方面有极大的发展空间。

四、基于游客体验提升的 H 景区智慧旅游服务提升对策

总体来说，在景区智慧旅游的服务中，首先需要增加信息的透明度，让游客可以利用最快捷最方便的方式获得有效信息。这需要通过硬件设施对游客信息进行抓取，对抓取后的游客社会化特征进行分析，结合网络平台的评价，综合分析游客对 H 景区有哪些数据需求，以及对不同信息的需求强度。其次按照需求强度的差异来安排信息的传递渠道，以便将最关

键的信息用最快的速度传达至游客手中。再次需要对游客收到信息后的反馈进行数据分析，进行数据的动态监测和服务改进。了解在服务的动态实施中游客感知的差异性，绘制游客感知曲线图，通过这种方式不断观测数据、分析数据，根据数据反馈改进服务。最后进行动态观测，如此往复。

结合游客感知，具体还要从以下方面提升 H 景区智慧旅游服务。

（一）增加信息的获取渠道

游客对景区信息需求是全方位的，包括吃、住、行、游、购、娱多个方面，游客在行前需要了解这些信息以便于规划行程。在游中需要了解这些信息便于解决当下问题。如餐饮和住宿需求是游客旅行过程中的刚需，是游客信息需求的主要方面。H 景区需要在景区沿途、景区进口、景区出口利用电子设备提供景区内部和周边的餐饮住宿设施信息，休憩场所信息等，游客到达景区以后可以在显眼位置看到景区公众平台的二维码，并明确告知游客可以通过扫码获得周边餐饮和住宿信息，让游客在了解 H 景区的同时可以关注自身除游赏以外的其他需求渠道。

（二）丰富景区智慧旅游产品

在游览过程中，游客还有大量的需求，如导游导览需求、购物娱乐服务需求等。H 景区需要增加景区的电子导游导览服务，如在景区利用 GPS 定位的功能，连接智能手机及其他智能导览终端，在游客到达某一个重要的景区景点时，只要打开小程序或获得相关信号，就自动为游客提供讲解服务。当游客到达瀑布的最佳观测点，则开始播放大瀑布导游词，并提供讲解服务。在景点相应位置设置二维码，游客自主扫描即可听到某一个景点的讲解。在智慧导购方面，景区应积极开发并应用电商购物平台，为游客提供周边购物点的商品类型、特色、价格、评价等的详细介绍，并备有实物图片，且提供前往购物点的路线图，引导游客购买到感兴趣的商品。在娱乐服务方面，将景区及周边娱乐服务设施的类型、特色、适合人群、价格、路线等信息通过手机 App、小程序及电商公共平台等及时传递给游客。同时，景区还可以针对不同客群开发虚拟现实体验游，通过在手机终端或购买相应电子设备，提供虚拟现实旅游体验产品，为特殊人群及残障人士提供亲临现场的体验感。

（三）开发个性化智慧服务

通过智慧旅游系统数据分析得知，H 景区的游客以中青年居多，这部分游客出游意愿强烈，出游频次较高，对旅游产品和服务的需求较高，景区需要开发更多类型的产品。

同时，也需要针对其他游客有更细节化的服务，如针对老年客群团体，可能还需要提供哪些区域可以休息，目前是否有休息空位；哪些区域可以购买药品，最近的医院如何前往等信息。而针对亲子游客，可能需要提供哪些区域有游乐场所，有小零食提供，有母婴休息室等信息服务。这些服务和产品的增加也需要智慧化的方式精准地告知给游客，以适应不同游客的需求。

（四）加强智慧安全管理

通过相关的智能终端接收的方式或电子显示平台及时发布景区的实时天气情况、路况交通、停车场、游客数量、景区拥挤程度等与智慧安全服务有关的内容，让游客在前往景区的过程中或在景区游览过程中及时了解安全信息，景区游览舒适度信息等内容，提高游客的体验感和满意程度。

（五）提升智慧营销水平

景区可以通过微信、抖音等社交软件进行景区的信息传播和营销。H 景区通过开通官方微博、微信公众号、抖音等新媒体营销平台，借助于原有的品牌知名度和粉丝优势，扩大品牌影响力，并通过鼓励众多粉丝撰写H景区旅游的感想感受、拍摄抖音视频等，为积极分享的粉丝给予一定的奖励，如门票打折等，将游客的分享内容在自身智慧服务平台和其他知名旅游网络平台上发布，通过智慧营销提高景区的知名度和用户黏度。

（六）实现网络信息交互共享

H景区以中青年游客为主，这部分游客文化程度相对较高，知识面相对较广，接受新鲜事物的能力较强，具有较好的学习能力，正是对智慧旅游服务关注较多的人群。同时，这个客群对新技术有较大的需求，且这部分人群具有广泛的社区化特点，容易引导周边人群，具有较好的传播能力。这些特征也表明需要为这些人群提供更广阔的网络交互平台，便于游客更大程度地了解景区信息，深度感知景区体验，也便于信息共享和品牌形象的传播。

五、结论

H智慧旅游景区建设从2012年开始，迄今已有7年时间。H智慧旅游景区的早期建设大多集中于硬件与设施的布局，对游客的体验性服务开发不足，景区观光游览的舒适度及游客拥挤状况等涉及游客真实体验感的内容关注不够，也导致景区投诉较多。

本文从游客感知的角度，探讨H景区的智慧旅游服务，研究结果表明：游客对景区智慧旅游服务的期望主要表现为基本的旅游需求；当前景区智能化服务功能相对缺乏，处于较低水平；景区智慧旅游服务体验感总体较差，未充分发挥智慧旅游的管理服务优势。H智慧旅游景区在今后的建设中应该着眼于游客的需求，从游客角度出发，更关注游客真实体验本身，以提升游客的体验感和满意度为出发点，在满足智慧旅游景区建设的核心技术要求的同时，建设重点应放在景区观光车的合理调配、吃住行等综合服务信息的及时发布、景区营销目标市场的细分与投放、景区智慧旅游产品的开发及创新、景区品牌推广和维护等，促进 H 景区智慧化管理水平提升，进而实现景区的高质量发展。本文调研的时间主要集中在 4 月，样本的选择时段存在一定的局限性。此外，不同游客对智慧化体验的需求表现各异，游客感知期望指标体系构建具有一定复杂性，本文所讨论的指标体系还可以进一步细化和丰富，这些还有待更深入地探讨。

结合 5GAP 模型　提升民宿服务质量

（窦力群，2024 年 5 月发表于《中国旅游报》）

民宿作为旅游住宿的重要组成部分，因其独特的住宿体验，受到越来越多游客的青睐。近年来，从中央到地方陆续出台了许多支持民宿发展的政策和指导意见，民宿呈井喷式发展态势。在快速发展的同时，民宿的服务质量问题也逐渐显现。本文基于服务质量差距模型（5GAP 模型），对民宿服务质量差距进行分析，并提出有针对性的弥合措施，以期对民宿服务质量提升起到一定启示作用。

一、关于服务质量差距模型

服务质量差距模型，20 世纪 80 年代中期到 90 年代初由美国市场营销和质量管理学者帕拉休拉曼、泽丝曼尔、贝利等提出，是专门用来分析服务质量问题的模型。该模型指出，“企业提供的服务”“消费者感受到的服务”和“消费者对服务的期望”三者之间存在着“不完全一致”即“差距”，这种差距主要有 5 种，包括不了解顾客的期望（差距 1）、未选择正确的服务设计和标准（差距 2）、未按标准提供服务（差距 3）、服务传递与对外承诺不匹配（差距 4）、顾客期望与服务感知之间的差距（差距 5），因此，服务质量差距模型又可简称为 5GAP 模型。5GAP 模型是分析服务质量问题的一种直接有效的工具，可以帮助管理者发现引发质量问题的根源，寻找适当的消除差距的措施。

二、民宿服务质量差距分析及弥合对策

按照 5GAP 模型，消费者对服务质量的评价是由期望的服务与实际感知的服务之间的差距决定的，即差距 5 是核心差距，而这一差距的形成是另外 4 个差距共同作用的结果，即差距 5=F（差距 1，差距 2，差距 3，差距 4）。所以，从影响核心差距的 4 个差距入手，分析差距的具体表现、成因及对策，有助于改进服务的路径，提升游客对民宿服务质量的满意度。

差距 1：管理层认知差距

民宿管理者不能准确感知游客服务预期，形成了游客期望与管理者对游客期望的感知之间的差距。例如，民宿定位不准，与目标游客的需求不匹配，跟风做网红民宿，千篇一律，忽略了地理位置、外部环境、房屋结构、目标消费群体的特点，造成因交通不便、质价不符、住宿设施不完善等产生的服务质量问题。引起这种差距的原因有：市场调研和需求信息不准确或管理者理解有偏差；没有进行需求分析；缺乏有效的向上沟通，一线服务人员了解游客期望，却无法有效地反馈到管理层。

针对上述原因，民宿管理者可以采取以下弥合对策：

一是开展因地制宜的市场调研。充分了解民宿周边环境、基础设施、交通情况等，分析哪些是加分项、哪些是减分项，针对实际情况如何趋利避害，站在游客的角度改进服务体验。通过网络调查、游客评价等方式，了解用户群体年龄特征和需求，例如，针对年轻客群，要突出独特、个性化的住宿体验；家庭出游往往对亲子房有要求，需要提供家庭设施和舒适的住宿环境。民宿可以成为一种文化载体，越来越多的旅游者希望通过住在民宿与当地居民进行互动，更好地了解当地文化和生活方式。

二是根据民宿定位优化服务体验。定位“平价”的民宿，在体验设计上突出性价比，干净卫生，住宿设施舒适，工作人员服务亲切；定位“中

端”的民宿，突出品质，装修风格独特，有公共区域和贴心周到的管家服务；定位“高端”的民宿，突出独特性，周边环境好，景色优美，硬件设施和软件配套要达到国家相关标准。

三是加强一线员工的信息反馈。一线服务人员对游客的需求和期望更为了解。民宿管理者应建立相关的信息反馈和激励机制来调动一线员工反馈信息的积极性，从而动态了解游客期望，及时改进服务质量。

差距 2：质量标准差距

民宿管理者制定的服务质量标准或服务规范，与游客期望之间的差距。这一差距是指民宿管理者没能依据《旅游民宿基本要求与评价》等标准，建立相应的服务规范来保证员工提供给游客所期望的服务。该差距在民宿业内普遍存在，比如治安、消防、卫生、安全等未达到有关规定与要求，未建立各类安全管理制度和突发事件应急预案并定期演练，食品来源、加工、销售不符合相关食品安全国家标准要求等。

针对质量标准差距，民宿管理者可采取如下弥合对策：

一是对照行业标准完善服务流程和操作规范。2019 年，文化和旅游部发布了《旅游民宿基本要求与评价》行业标准，对民宿安全管理、环境设施、卫生服务等方面服务标准进行了细化，自此，民宿行业有规范可依，有标准可查，有制度可控。民宿管理者可参照行业标准，结合实际制定切实可行的服务规范，使各岗位都有章可循，进一步规范管理。

二是通过标准化加强品牌建设。民宿品牌文化、品牌形象、品牌知名度等不仅可以彰显民宿的特色，而且能够提升民宿的影响力。民宿品牌不仅包括名称、建筑、生活用具、装饰摆件等有形标志，更为重要的是产品品质、服务质量等无形体验。2020 年以来，全国旅游标准化技术委员会在全国范围内开展等级旅游民宿评定工作，截至目前，已推出 3 批共 240 家甲级、乙级旅游民宿。由国家级权威机构提供背书，会极大增强游客信任度，提高品牌影响力。

差距 3：服务传递差距

该差距是由于服务生产与传递过程中没有按照既定的标准执行所致。即使民宿管理者制定了正确的服务质量标准，也仍会出现实际提供的服务与标准之间的差距。产生这一差距主要有三方面的原因：一是标准制定不合理、不科学；二是一线员工不认可管理层制定的标准，可能是他们的意愿或者主动性不够，也可能是服务能力不足；三是服务的需求与供给不相匹配。

针对差距 3 产生的原因，可以从 3 个方面加以解决：

一是重视服务的真实瞬间。真实瞬间是指游客在与服务提供者及其提供的服务之间进行互动的某个时刻，游客在这个时刻的感受，决定了其对服务质量的判断。每一个真实瞬间就是一次影响游客感知服务质量的机会，是展示服务产品质量好坏的关键时刻，也是影响游客满意度及忠诚度的重要因素。因此，要充分重视每一个真实瞬间，开展针对性员工培训，并给予员工一定的自主性，激发员工发自内心的服务意识，提升其处理事务的能力，鼓励那些让游客满意的“自作主张”。

二是加强人力资源管理。这涉及人员招聘、培训、使用、淘汰、激励等环节。民宿行业大多由个人和家庭经营和管理，缺乏管理经验和管理人才，应着力引进具有酒店管理经验的专业人才，对现有员工实施完整的分阶段递进式培训，建立有效的激励机制，一方面要保证引进的人员能够胜任指定的工作，另一方面也要通过激励机制唤起员工的工作热情。除此以外，还应该在内部营造一种以游客需求为导向的服务文化，来引导员工的服务行为。

三是加强资源配置。服务质量一定要有适宜的资源支持，包括人员、系统和技术等，并且必须不断强化以使之更有效。民宿管理者可以改善基础服务设施，对管理系统进行信息化改造，比如通过建立客户管理系统、预订系统等来管理需求，以实现供应与需求同步。

差距 4：营销传播差距

该差距主要指市场营销宣传中所作出的承诺与实际提供的服务不一致。这是游客对民宿服务质量投诉最多的问题，涉及环境卫生、安全隐私等方面。造成这一差距的原因可以分为两类，一类是市场营销计划不周、执行不力，营销传播与服务运营脱节，从而作出不切实际的承诺；一类是虚假宣传或者过度承诺。

对于上述两类情况，民宿管理者可采取如下弥合对策：

一是加强内外部沟通互联。建立市场开拓中的信息传递和外部市场沟通的协调机制，使承诺和宣传更加现实和准确。

二是切实履行服务承诺。为体现个性化和差异化，在宣传中尽可能多展示民宿独特的、与竞争对手相区别的信息，但一定要真实，营销中作出的承诺要全力履行。比如要使游客清楚消费标准、周边环境，实际入住房间要与宣传图片一致，从而得到游客的信任和认可。

通过上述四个差距的弥合，可以缩小服务质量差距模型的核心：差距5——感知服务质量差距，即游客期望与服务感知之间的差距。明确这些差距是制定民宿发展规划以及保证期望质量和现实质量一致的基础。

总之，5GAP 模型为旅游民宿改进服务提供了思路和对策。尽管影响民宿经营的因素很多，但是 5GAP 模型对提升民宿服务质量，提高游客满意度具有很好的指导作用，值得深入研究。

关注合法化、规范化和品质化 高质量培育等级旅游民宿

（刘建明，2022 年 10 月发表于《中国旅游报》）

近年来，我国民宿产业呈现蓬勃发展态势。民宿作为一种多样化、特色化、个性化住宿产品，愈发被公众了解和接受。特别是疫情发生以来，民宿作为家庭休闲度假的主要产品受到市场热捧，很多热门民宿一房难求，有力带动了文化和旅游消费的增长，一定程度上提振了旅游行业的信心。

2019 年 8 月，国务院办公厅发布的《关于进一步激发文化和旅游消费潜力的意见》提出，要规范旅游民宿市场，推动星级旅游民宿品牌化发展，以丰富文化和旅游产品的供给。2021 年 4 月，国务院办公厅《关于服务“六稳”“六保”进一步做好“放管服”改革有关工作的意见》明确提出，“鼓励各地区适当放宽旅游民宿市场准入，推进实施旅游民宿行业标准”。2021 年 5 月，根据文化和旅游部办公厅印发的《关于实施〈旅游民宿基本要求与评价〉（LB/T 065-2019）及第 1 号修改单有关工作的通知》部署，文化和旅游部旅游质量监督管理所（全国旅游标准化技术委员会秘书处）开展了全国旅游民宿等级评定工作，首批评定了 58 家旅游等级民宿。其中，甲级民宿 31 家，乙级民宿 27 家，对于民宿行业发展起到了积极的引领和示范带动作用。

培育等级旅游民宿是响应国家政策要求，也是促进民宿服务质量全面提升的重要举措，需要注意以下关键性问题。

首先，明确民宿建设和安全合法化问题。只有在土地合法、建筑安全、符合生态环保要求、经营证照齐全、安全有保障等基本条件下，民宿才能正常对外营业，这是民宿开办中最关键的因素。

一是土地利用的合法化。明确民宿建筑用地本身是否具有合法性，庭院、休闲空间及配套设施有无占用基本农田，是否与自然保护区、风景名胜区、森林公园、地质公园等生态红线重叠，是否处于自然保护地、水源保护地、自然遗产地等生态红线限制建设区域等。

二是生态环保的合法化。民宿及周边设施是否按照生态环保要求进行建设，是否与周边生态环境相协调，是否影响当地生态环境和生物多样性，是否破坏文物古迹等的完整性，是否干扰地域文化的和谐性和原真性。

三是经营资质的合法化。要明确民宿是否具有合法的营业执照，是否有食品经营许可证、卫生许可证、特种行业许可证等相关证照，是否通过相关部门验收合格，是否达到可以营业的要求等。

四是建筑本身及周边环境的安全性。很多民宿为了追求新奇特体验，在设计上会体现更多的差异化和非标性。比如，建在悬崖上、峡谷中、溶洞里、水边甚至水中的民宿，或者用废弃民居改造成的民宿，在建筑安全方面可能存在一定隐患。需要确保民宿周边是否有地震、滑坡、泥石流、崩塌等地质灾害隐患，需要综合评估民宿及其附属建筑是否符合消防安全、建筑安全标准等。

其次，明确民宿管理规范化问题。

一是建立部门联动协同监管机制。由于民宿概念边界比较模糊，不同省份有不同的管理部门，需要建立部门联动的综合协调与监管工作机制。联合文化和旅游、公安、住建、卫健、市场监管、消防等相关部门组成联合审批小组，形成一站式办证服务，解决民宿办证难问题。在日常监管中，公安、消防、市场监管、文化和旅游、环保等部门应结合自身领域监管职责开展常态化检查和动态性工作指导。

二是围绕游客基本需求提升规范管理。按照标准化要求规范民宿食品安全、卫生治理、治安保障等方面的专业化管理。督促民宿经营主体落实公共安全和食品安全主体责任，制定安全管理制度和应急预案，定期开展安全培训和演练，落实实名住宿、访客登记等管理制度。客房配备防毒面罩、防盗门窗等安全设施，在公共区域设置视频监控等。特别是地处偏远乡村的民宿，需配备 24 小时值班电话和安保人员，确保游客人身和财产安全。

最后，明确民宿服务品质化问题。在旅游民宿评定细则中，不同等级之间的差异是民宿评定工作的引导方向和关注细节。等级越高，要求管理制度更加完善、设施设备更加便利、服务更注重精致化细节化、体验更注重舒适度和特色化。比如，在环境和建筑方面，甲乙丙三级评定要求的差别主要体现在等级越高，对生态环境、标识系统等的要求越高。在设施与设备方面，等级越高，对舒适程度的要求越高。比如，乙级比丙级增加了家具摆放、床垫柔软舒适、隔音效果好等要求。而甲级比乙级增加了餐厅氛围浓郁、匹配公共活动区域、有节能降噪产品及智能化服务设施等要求。在特色和其他内容中，乙级增加了设施设备维保记录，增加相关保险等要求。甲级要求民宿主人有亲和力，建立食品留样制度等。

民宿作为非标准化住宿产品，服务品质是其生命线。当前，许多民宿都靠提供特色化服务吸引和留住客人。比如，为老人和儿童等提供特别照护，配备专业教练，为游客提供登山、徒步等户外运动的专业指导服务。此外，有的还提供智能家居的使用、人脸识别入住等科技服务以及更多个性化、体验性、参与性产品。未来，在民宿服务品质评判方面，还需要借助第三方评估机构和线上平台，对游客满意度及服务质量开展动态监测与评估，确保旅游民宿高质量发展。

从游客需求和体验角度分析旅游服务质量要求

（李德春，2024 年 7 月发表于《中国旅游报》）

当今社会已全面进入服务经济时代，高质量发展已成为各服务行业的共识和普遍价值追求。旅游业作为典型的消费服务业，实现高质量发展必须以提高服务质量作为前提保证。

旅游服务的提供有规范的标准参考，但满足标准并不一定就是让人满意的服务，好与不好应由消费者切身感受和体验。“好”的旅游服务突出以消费者为本、以游客为中心，既要具备好的品质，还要有较高的人性化体现。

减少千篇一律，丰富特色体验。近年来，淄博烧烤、贵州“村超”、哈尔滨冰雪游等旅游热点大家耳熟能详，其爆火网络最主要的一点原因是充分彰显了相应的地方特色。烧烤本不是什么稀缺事物，全国各地都有烧烤，淄博烧烤能引发火热关注的本质原因是，展示了当地“以人民为中心”“政通人和”的政府执政理念、人性化管理的特色；贵州“村超”展示的是“体育运动 + 乡俗民风 + 民族大融合”；哈尔滨冰雪游则展示了“真诚淳朴 + 物美价廉 + 爱国情怀”等，这些都能从情感上感动游客。

杜绝挖坑套路，奉献真诚感动。近年来，旅游主管部门在持续整治“不合理低价游”“强制购物”“捆绑营销”等扰乱旅游市场秩序的不良现象，但一些“挖坑套路”屡禁不绝，非常影响游客旅游体验，也损害了地区旅游形象。相反的，能打动游客的一定是真心和真诚，淄博烧烤、哈尔滨冰雪大世界、天水麻辣烫爆火期间，大量游客涌入，一边是宾馆酒店客房爆满，另一边也有许多游客订不到房、停车困难。当地及时采取措施，例如开放学校、改造公共场馆来增加临时住所，尽全力满足游客住宿需求。淄博为了方便游客停车，拆掉机关围墙开放停车，改造道路、规划新建停车场；哈尔滨贴心地增加了暖房驿站，方便外地游客能随时取暖应对寒冷天气。

诚信互动交流，文明成为“风景”。精细化管理是景区服务质量的前提保证，文明旅游行为需要大力倡导和积极鼓励，更要互动交流。交流不仅反映在人与人之间，也体现在人与环境、事物之间，旅游服务提供者的文明行为要由工作人员的服务态度、语言举止体现，也要从规范化、人性化的服务管理中反映出来。以各景区提示标识为例，不同景区的提示标识也反映了景区的服务水平和文明程度，缺少提示标识或提示标识设置布局不合理、不充分，不但影响管理秩序，风险高的甚至影响游客生命安全。游客也应在旅游活动中，做到保护环境、不乱扔垃圾、不损坏公物，遵规则守规矩有秩序。良好的互动不仅能提升游客的参与度获得感，更能为出游增添意义。

精准把握游客需求。“快”服务，强调针对游客需求多样化和易变性，能够及时采取措施，体现了服务提供者对游客服务需求的精准把握和持续改进的服务态度。旅游产品的开发和服务功能场景的布设是以游客的需求为导向的，精准定位游客的旅游消费和服务需求是必要前提。从游客群体来说，青年游客旅游的需求特点是多样化和个性化的，他们追求独特的旅游体验、社交互动、文化探索、便捷服务和环保可持续性；中老年游客的旅游需求表现有旅游欲望迫切，喜欢慢旅游，爱好自然风光、传统文化、美食体验，注重疗养休养、避寒避暑、探亲访友等诸多特点。对于提供服务的市场主体，旅客的关注点和心理需求会因服务类型和情境而异，例如游客对住宿服务可能更看重清洁度、舒适度、员工态度和专业技能、餐饮服务、健身设施等；对餐饮服务可能更看重食品质量、口感和营养价值，餐厅环境，以及员工服务态度；对零售服务可能更看重商品的质量、价格、可用性和个性化程度，以及店内环境、员工服务态度和销售技巧等。旅游从业者需要根据这些需求特点，提供有针对性的旅游产品和服务，以满足不同游客群体的旅游需求。

及时响应游客诉求。游客诉求对提升服务质量具有导向作用。大量游客的实际体验能够真实反映服务设计、服务提供、服务交付等很多环节上考虑不充分的问题，为服务改进积累有效素材。站在游客角度，他们的期待不外乎是要有畅通的诉求渠道，个人的诉求能够被重视，能够有及时地反馈等。去年哈尔滨冰雪旅游热，当地文化和旅游主管部门通过关注游客评价、网友讨论，及时响应调整改进，为了拍照方便增加人工月亮，为了走到安全台阶铺上地毯等，不断丰富服务产品及内容，提升服务的精细化程度。及时响应游客诉求，需要服务提供者与游客形成良好的互动，鼓励旅游企业积极利用互联网、大数据、人工智能等新技术，利用各类自媒体平台，加强与广大游客的积极互动。

当前，旅游企业提供服务应坚持以提高质量和核心竞争力为中心，坚持创新驱动发展，努力扩大高质量服务供给。不同的旅游企业可以结合自身情况，利用“互联网 +”、大数据、人工智能、自媒体等新技术新平台，不断提供可以满足游客个性化、定制化需求的服务。

第四章

聚焦市场变化，关注社会治理，探索旅游服务质量提升治本之策

预约制度改革：对景区预约制度的思考

（刘建明、刘孝蓉，2024 年 7 月发表于《中国旅游报》）

预约制度是实现社会科学管理、促进社会活动有序运转的治理手段之一。在一些发达国家，预约制度早已深入人心，从医院、银行预约到吃饭、理发预约，涉及社会的方方面面，预约非常普及和完善，人们养成了预约消费的生活习惯，很好地促进了社会治理。预约制度在我国推广实行的时间不长，旅游景区、文博场馆实行预约制度的时间更短，国内景区大面积实行严格预约制度主要源于疫情时期人员限流的需要。

预约制度在国内景区大范围推进以后，对于热门景区和文博场馆控制游客流量、减少黄牛倒票、改善游客体验等发挥了很好的作用，有效地促进了景区管理水平提高，提升了景区的服务质量。同时预约让客流量变得可以预知和稳定，旅游景区管理者能更加从容地组织管理和服务工作，有效提高景区管理效能，也有利于降低设施设备损耗，实现企业可持续发展。

由于景区预约制度全面推行源于疫情防控需要并沿用下来，严格实行实名制，执行过程中也给游客带来一些不便。比如，一些老年人由于不善于操作智能设备，不会应用公众号或者小程序进行预约。也有些游客慕名来到目的地，因为预约不上门票，不得不更改行程，失望而归。有些注重个人隐私的游客，不愿意在各类平台上填写实名及身份证等信息，更有一些外国友人因为无法预约而望景兴叹。由于国内推行景区预约制度的时间短，在具体执行过程中缺乏灵活性，导致社会舆论诟病。

笔者认为，从我国旅游市场实际看，不能全盘否定景区预约制度。实践证明，景区预约制度是“熨平”客流的科学管理方法，对于提高景区管理水平和服务质量具有重要意义。因此，当前应该探讨如何因地制宜、因时制宜、因人制宜地进一步改进调整和优化完善热点景区预约制度，而不是简单全面取消，具体可以从以下三个方面细化相关工作。

一是因地制宜。从全国范围来看，不同地区景区或文博场馆的人流量差别很大，不必作统一规定，应该具体问题具体对待，由各地和企业自主决定，鼓励人流较大的热门景区和文博场馆实行预约制度，通过预约来控制客流，以保证参观体验和展品安全。常年游客量不大，或面积大、承载量大的景区，建议取消预约。

二是因时制宜。由于旅游淡季和旺季、节假日和平时的游客流量差别很大。一些假期人满为患、平日人流正常的景区，可以探索在旅游旺季实行预约制度，平时不用预约。同时，还要实现精准预约，运用智慧化管理手段实现景区的流量监测，将预约时间精确到小时，减少游客在现场的等待时间，让瞬时客流趋于平均。

三是因人制宜。针对外国人、老年人等特殊群体，景区应该有更人性化的预约方式，如电话预约、现场预约，或每天留出一定的名额用于解决特殊群体需求。尽量保护游客个人隐私，不硬性要求实名制，可推行自选项，避免给游客造成不安全感。鼓励平台开发具有多语种支持的预约系统，方便外国入境游客提前预约和网上购票。考虑不同游客的操作习惯与需求，简化预约系统，优化程序界面，在预约平台提供诸如交通、停车、天气、人流量等游客关注的实时信息，增加预约服务的便利性和有效性。

总之，预约制度是社会文明进步和社会治理能力提升的具体体现，推行预约制能够促进社会有序运行。在游客基数大、休假时间集中的国内旅游市场，景区预约制度尤显必要。通过对游客流量的预测、对景区承载量的评估，兼顾不同人群的多样化需求，对预约制度进行优化和完善，推动景区扩容升级，同时加强监管，防范取消预约可能带来的其他问题，以人为本，持续提升游客满意度，是旅游业高质量发展的内在要求。

休假制度改革：从旅游服务角度探讨假日制度改革方向

（刘建明，2024 年 7 月发表于《文旅中国》）

在过去的几个小长假，由于节日调休问题，引发了网民热议。节日调休是“黄金周”假日制度的延续，通过上移下借将放假时间与周末休息日联动，将春节、端午、“五一”、国庆假期延长至 3 至 7 天。从历史上看，这种假日调休安排在不增加节日总量的情况下极大地方便了人们出行、出游，一直广受社会欢迎，人们可以利用长假走出家门访亲探友、旅游休闲，很好地发挥了刺激出游、拉动消费、促进增长的假日经济作用。

但是，随着我国社会经济的快速发展，居民收入不断增加，人们对生活品质的要求日益提高，旅游已然成为幸福生活的标配和刚需，居民出游意愿更加强烈，对旅游品质的要求较过去更高。同时，随着我国高速公路、高铁、民航等基建设施的发展和私家车的全面普及，居民出行、出游都变得非常便捷。这样一方面，具有出游条件和意愿的人口基数大幅增长，另一方面，出游大军得到了快速高效的交通条件加持，让旅游客流聚集变得极为迅速，导致全社会集中休假的小长假制度日益显现出负面效应，不仅影响游客的出行体验，也带来诸多不确定的社会问题。

一、集中休假导致假期全社会人潮涌动，严重影响旅游体验

近年来，假日期间游客们对服务质量的诟病和吐槽越来越多。网友经

常戏称“哪儿哪儿都有一亿人”，长假期间很多景区人满为患，摩肩接踵，到处熙熙攘攘，前拥后堵，高速公路缓行，景区一票难求，长时间排队：景区排队，观光车排队，厕所排队，游乐场所排队，餐厅排队，酒店满房……如果赶上恶劣天气，各种状况更是雪上加霜，人在囧途的各种状况频出，拖家带口的狼狈随时上演，全民集中休假导致的旅游体验极差，有些甚至称得上苦不堪言。

二、集中休假导致的人潮聚集潜伏着极大的安全隐患

长假导致客流瞬时聚集，对社会运转和管理造成严峻考验，公共服务与安全形势经常处于紧绷状态，持续高位运行，甚至接近极限，形成诸多安全隐患。景区、道路等人流和车辆聚集的地方随时都可能发生事故。尽管文旅、交通、公安等相关部门全力以赴、加班加点，但事故仍会时有发生。发生的伤亡事故总让人扼腕叹息，人们也对人潮集中可能带来的各种安全隐患充满了担忧。

三、集中休假导致的超负荷运转影响服务企业可持续发展

每临长假，相关服务企业不得不全员在岗，日夜值班，有的企业不得不大量雇用临时人员上岗服务，但仍然不能避免游客怨声载道，投诉层出不穷；管理部门日夜绷紧一根弦，疲于奔命；一些公共场所垃圾堆积，厕所卫生惨不忍睹，清扫人员夜以继日，讲解员从早到晚，保安人员 24 小时在岗，夜晚还要在景区巡查游客滞留情况……凡此种种，给服务企业正常经营造成不少困难。长假期间不少企业服务人员跟不上，服务难以保障，而在平日里，却可能是游客稀疏，不需要很多服务人员，这种大起大落的客流量的变化，严重影响服务企业正常经营和可持续发展，造成企业资源的极大浪费。

四、集中休假导致供应难以为继，人为造成物价上涨

客流聚集导致供应紧缺，有时候是预约不到参观票，有时候是酒店餐馆价格上涨，有时候是火车出票秒空，加价抢票，飞机票价飙升，各种黄牛趁机大赚一笔，“来时好好的，回不去家了”，一度成为网络调侃语。

总之，假日制度在历史上发挥了重要作用，但是，在文旅高质量发展的新阶段，在游客对服务质量要求不断提高的当下，面对巨大的出游人口基数和便捷交通带来的人群瞬时聚集，集中休息的小长假制度给旅游服务和旅游安全带来极大压力，对旅游的供给方和需求方都存在负面影响。在降低游客体验的同时，一定程度也造成了旅游资源的破坏，甚至在一定程度上加剧了社会焦虑，影响社会和谐发展。节假日制度是社会综合治理重要方面，也是社会治理水平的重要体现，重新思考假日制度设计，让假日运转更为有序，成为人们的共同期待。从当前的情况来看，发挥综合治理优势，深化假日制度改革迫在眉睫。

一是放弃与节日捆绑的调休做法，维护节日的初心使命。很多纪念性的节日有其非常正式和庄重的意义，如果人为调休，会让纪念性节日异化为消费小长假，变成了欢天喜地的购物节，在一定程度上削弱了节日本身的纪念意义。比如，清明节、端午节，都有祭奠亲人、缅怀先烈、纪念伟人、祈福辟邪的庄重意义，如果用来吃喝玩乐或购物狂欢将冲淡节日应有气氛，削弱节日的教育引导作用。如果其时间不与法定假日自然相连，不宜利用调休方式强行捆绑。

二是要根据国内出游人群结构特点考虑增加特定假期。国内旅游客群主要由四个部分构成，分别是以孩子为中心的家庭、以大中学生为主的青年、以退休人员为主的老年人以及入境游客等。特别是以孩子为出游中心的亲子家庭游客占比很高，由于孩子只能在寒暑假出游，学生假期没有与带薪休假实现良好匹配，极大地限制了家长的出游选择，也会导致带薪休

假难以实现。因此，可以考虑在“五一”假期和“十一”假期前后增设 10 天左右的学生春假和秋假，将寒暑假时间适当分摊到春假和秋假中，学生可以一年 4 次放假。公开数据显示，2023 年，全国共有各级各类学历教育在校生 2.91 亿人，专任教师 1891.78 万，增加春假和秋假，意味着约 3 亿个家庭的节假日变得分散可选，春季和秋季更适合出游，这既在一定程度上可以缓解我国旅游淡旺季过于明显的问题，也能够促进带薪休假真正落实。另外，也有助于纾解学生的焦虑与内卷等教育问题。国家统计局数据显示，2023 年年末，我国 60 岁及以上人口已占全国人口的 21.1%，这意味着中国已迈入中度老龄社会，可以探索增设中国民间传统节日重阳节放假 1 至 3 天，体现登高赏秋与感恩敬老的重要主题。

三是积极发挥假日价格因素，实现削峰填谷，引导不同群体错峰出行。国内游客对价格比较敏感，应该充分发挥价格的调节作用，之前的小长假高速公路免费等优惠政策极大地激发了出游人群短时集聚。实际应鼓励地方政府、旅游企业和交通企业实行淡季打折降价，旺季适当涨价，实现淡旺季游客的削峰填谷，引导时间相对自由的游客如大学生、老年人、农民群体淡季出行，不仅能够缓解旺季及节假日游客人满为患的问题，同时也可以帮助景区在淡季维持正常的经营。国家统计局的数据显示，全国离退休人员超 1.36 亿，每年还会持续增加约 1400 万退休人数，这部分老年人群是旅游的常备军，不断引导其实现错峰出游可以一定程度上疏解旅游旺季人流过于集中的问题。

四是探索实施地域错峰放假，引导旅游客群有序轮动。我国幅员辽阔，南北跨度大，针对南北方气候差异，可以探索各地自主决定放假时间。比如，南方春天来得早，可以较北方早点放春假，南北方的游客都可以出门踏青感受早日到来的浪漫春日风光。北方夏季相对凉爽，南方可以相对北方提早放暑假，让炎热南方的客人早日到北方享受爽爽夏日，在提高居民幸福感的同时还可以减少南方夏日空调的能耗。通过假日制度引导南北方避寒和避暑旅游经济发展的同时，还能降低过冷和过热季节的南北方制冷和供暖的能耗，促进绿色发展。错峰放假还有助于引导全年社会人员流动趋于平稳，减轻集中假期公共服务部门面临的各种压力。

总之，假日制度是做好旅游服务的基础环境，是旅游治理的顶层设计。在新时代新征程，大力提升旅游服务质量，服务于人民美好生活，是旅游行业面临新形势的新要求，改革调整已经实行 20 多年的假日制度势在必行。旅游业作为事关国计民生的综合产业，亟待全社会各部门创新管理理念，提高综合治理水平，共同推动实现旅游业高质量发展。

参考文献

[1] 戴斌. 酒店要行业振兴，也要思想革新 [R]. 北京，2018.

[2] 张凌云，朱莉蓉. 中外旅游标准化发展现状和趋势比较研究 [J]. 旅游学刊，2011，26 (5)：12-21.

[3] 中华人民共和国国家旅游局. 中国旅游标准化发展报告 [M]. 北京：中国旅游出版社，2016：25.

[4] 北京市质量技术监督局，北京市旅游发展委员会. 旅游企业标准化建设指南 [M]. 北京：中国旅游出版社，2015：172.

[5] 王巍，张敖. 标准化在旅游服务中发挥的作用 [A]. 国家标准化管理委员会. 市场践行标准化——第十一届中国标准化论坛论文集 [C]. 国家标准化管理委员会：中国标准化协会，2014：4.

[6] 白殿一，王益谊. 标准化基础 [M]. 北京：清华大学出版社，2019：2-9.

[7] 王季云. 旅游标准化管理精要 [M]. 北京：中国质检出版社、中国标准出版社，2014：27.

[8] 李鹏，石克燕，陈佳娜. 我国旅游地方标准建设现状与特点分析 [J]. 标准科学，2011 (8)：47-53.

[9] 张懿玮. 旅游服务标准：等级评定还是规范要求 [J]. 标准科学，2013 (2)：62-66.

[10] 蔡伟，王文波. 大力实施标准化战略　助推生态旅游业发展 [J]. 质量与标准化，2018 (12)：44-46.

[11] 吴国清，李文苗，李天娟. 区域旅游一体化与标准化的互动响应 [J]. 标准科学，2010 (4)：58-62.

[12] 云卿城. 旅游“标志一体化”很强很示范 [J]. 商务周刊，2009 (11)：12.

[13] 汪黎明. 以标准化提升旅游产业发展整体素质 [J]. 中国标准导报，2012 (9)：18-20.

[14] 马可. 关于加快旅游标准化建设的思考 [J]. 旅游纵览（下半月），2017（6）：34.
[15] 国家旅游局关于印发《全国旅游标准化发展规划（2016-2020）》的通知（旅发〔2016〕48号）
[16] 彭德成. 市场经济与旅游标准化工作 [J]. 旅游学刊，1997（3）：25-27.
[17] 张静，窦梓雯. 旅游市场发展中的标准化问题探讨 [J]. 中国商贸，2012（2）：168-169.
[18] 张晨. 以标准化建设推动长三角区域旅游联动发展 [J]. 安徽商贸职业技术学院学报（社会科学版），2008（2）：33-36+40.
[19] 张凌云，朱莉蓉. 旅游标准化新论 [M]. 北京：中国旅游出版社，2020：50.
[20] 刘智洋，孙晓立. 从"引进来"到"走出去"中国标准国际化之路 [J]. 中国标准化，2015（3）：14-31.
[21] 毛芳，盛立新. 国际标准化发展新趋势背景下中国标准国际化的现状及路径完善 [J]. 标准科学，2018（12）：88-91.
[22] 朱斌，周剑锋，陈仁杰. 我国国际标准化工作现状和发展趋势 [J]. 中国标准化，2018（13）：105-108+122.
[23] 刘春卉. 中国标准走出去的关键影响因素探析 [J]. 标准科学，2020（8）：6-10.
[24] 李航宇，陆静. 浅析我国国际标准化人才培养 [J]. 航天标准化，2020（4）：38-41.DOI:10.19314/j.cnki.1009-234x.2020.04.012.
[25] 杨丽洲. 借鉴德国经验推进浙江制造标准国际化路径研究 [J]. 2020（34）：49-50+55.DOI:10.13939/j.cnki.zgsc.2020.34.049.
[26] 李云鹏，胡中州，黄超，等. 旅游信息服务视阈下的智慧旅游概念探讨 [J]. 旅游学刊，2014（5）：106-115.
[27] BORR.J，MORENOA，VALLSA. Intelligent Tourism Recommender systems：A Survey [J]. Expert Sys-tems with Applications，2014（16）.
[28] 叶铁伟. 智慧旅游：旅游业的第二次革命（上）[N]. 中国旅游报，2011-05-25（11）.
[29] 黄超，李云鹏. "十二五"期间"智慧旅游"背景下的"智慧旅游"体系研究. 2011旅游学刊年会会议论文集 [C]//. 2011：55-58.
[30] 党安荣，张丹明. 智慧景区的内涵与总体框架研究 [J]. 中国园林，2011（9）：15-19.
[31] 邓贤峰，李霞. "智慧景区"评价标准体系研究 [J]. 电子商务，2012（9）：100-106.
[32] 朱珠，张欣. 浅谈智慧旅游感知体系和管理平台的构建 [J]. 江苏大学学报（社会科学版），2011（6）：97-99.
[33] 孔倩. 基于游客体验的旅游景区主体文化建设研究 [D]. 中国海洋大学，2011.

[34] 张红梅，梁昌勇，徐健，等. 特色旅游目的地形象对游客行为意愿的影响机制研究——以贺兰山东麓葡萄产业旅游为例 [J]. 中国软科学，2016 (8)：61-66.

[35] 杨健，陈修颖. 游客住宿体验满意度对旅游目的地吸引力的影响 [J]. 安徽农业科学，2017，45 (1)：171-173.

[36] 张广海，赵韦舒，朱旭娜. 基于Logistic模型的乡村旅游住宿需求影响因素分析——以山东省乐陵市朱集镇为例 [J]. 中国石油大学学报 (社会科学版)，2017，33 (3)：22-28.

[37] 王庆栋. 基于时空视角的国内城乡游客旅游住宿偏好研究 [D]. 西南大学，2013.

[38] 施秀梅. 国内游客旅游住宿服务质量感知研究 [D]. 西南大学，2013.

[39] 潘静莎. 贵州生态旅游住宿品牌的视觉设计研究 [D]. 贵州大学，2015.

[40] 崔斌. 基于消费者需求分析的精品家庭旅馆服务提升研究 [D]. 浙江工商大学，2014.

[41] Whisman SA，Hollenhorst SJ. Injuries in commercial whitewater rafting. [J]. Clinical journal of sport medicine : official journal of the Canadian Academy of Sport Medicine，1999，9 (1)：18.

[42] 彭建，张松，罗诗呷，等. 北京居民对雾霾的感知及其旅游意愿和行为倾向研究 [J]. 世界地理研究，2016，25 (6).

责任编辑：谯　洁
责任印制：冯冬青
封面设计：中文天地

图书在版编目（CIP）数据

新形势下旅游服务质量提升理论与实践探索 / 刘建明主编 . -- 北京 : 中国旅游出版社 , 2024. 10.
ISBN 978-7-5032-7429-9

Ⅰ. F592.68

中国国家版本馆 CIP 数据核字第 2024BX4402 号

书　　名：新形势下旅游服务质量提升理论与实践探索

作　　者：刘建明 主编
出版发行：中国旅游出版社
（北京静安东里 6 号　邮编：100028）
https://www.cttp.net.cn　E-mail: cttp@mct.gov.cn
营销中心电话：010-57377103，010-57377106
读者服务部电话：010-57377107
排　　版：北京中文天地文化艺术有限公司
印　　刷：三河市灵山芝兰印刷有限公司
版　　次：2024 年 10 月第 1 版　2024 年 10 月第 1 次印刷
开　　本：710 毫米 ×1000 毫米 1/16
印　　张：14
字　　数：202 千
定　　价：68.00 元
I S B N　978-7-5032-7429-9